谢赓 北方 编著

四书五经经典故事

中国人民大学出版社
·北京·

前　言

　　四书五经是古代中国社会正统文化儒家思想的核心著作。它们所包含的内容可谓博大精深，涉及中国古代思想、政治、经济、军事、文化诸多方面，形成了一个以天理为核心的思想体系。它们不仅是中国古代统治者钦定的教科书，而且还被西方学者誉为世界四大思想宝库（基督教思想、伊斯兰教思想、佛教思想、儒教思想）之一。四书五经就是儒家的《圣经》。

　　应当看到，四书五经涉及面广，收容博大，其中确有封建性的糟粕，但它又正如许多传统文化一样，包含着大量民族性的精华。正因如此，近些年来，一些出版者和学者相继推出与四书五经有关的著作，诸如白话读本、绘画读本等，其意显然是使原本深奥的学问走近大众。但是，基本上来说，这些著作还只限于文白对照、依葫芦画瓢的阶段，四书五经的精华与老百姓、与青少年依然相去甚远。

　　我们编写这部《四书五经经典故事》的目的，正在于以浅显易懂的文字、情节化的故事来介绍四书五经，

——四书五经经典故事——

通过讲故事来阐明四书五经所包含的一些哲学和道理，让读者能够在轻松愉悦的欣赏和休闲中了解四书五经以及它们所具有的精神实质。

作者

目　录

《大学》经典故事

关于《大学》 ………………………………… 2
  太甲明德（3）   康王治国（5）
  格物致知（7）   修齐治平（9）

《中庸》经典故事

关于《中庸》 ………………………………… 14
  子路问强（15） 文王无忧（17）
  至诚如神（19）

《论语》经典故事

关于《论语》 22

子禽释疑（24）	子贡论德（26）
七十回首（28）	颜回好学（30）
知与不知（32）	季氏违礼（33）
管仲不足（35）	千古导师（37）
富贵人欲（39）	孔子择婿（41）
孔子论贤（43）	朽木不雕（45）
瑕不掩瑜（47）	师徒明志（48）
冉有济私（50）	原思拒富（52）
闵损拒官（54）	安贫乐道（56）
以貌取人，失之子羽（58）	子反让功（60）
樊迟敬神（62）	仁智之别（64）
仁者陷阱（65）	子见南子（67）
信而好古（69）	道与六艺（70）
不愤不启（71）	大智大勇（73）
子不助恶（75）	三人之行（77）
宽以待人（78）	不信鬼神（80）
不耻下问（82）	士不可以不弘毅（84）
临危不惧（85）	仰之弥高（87）
仁者爱人（89）	痛葬黑发（91）
子路弹琴（93）	因人而异（95）

目　录

误人子弟（96）　　　人各有志（98）
克己复礼（101）　　四海之内皆兄弟也（103）
取信于民（105）　　民富国富（106）
君臣父子（108）　　闻达之别（110）
樊迟问仁（112）　　名正言顺（114）
一言兴邦（116）　　士分三等（118）
赏罚分明（120）　　完美无缺（122）
管子之论（124）　　用人得当（126）
正襟危坐（128）　　穷且益坚（130）
颛臾之伐（132）　　阳货送猪（135）
孔子赴难（138）　　商有三杰（142）
五美四恶（144）　　永不自满（146）
高不可攀（148）

《孟子》经典故事

关于《孟子》 ················· 152

一妻一妾（154）　　孟子好辩（156）
人性本善（158）　　君子远庖厨（162）
与民同乐，则王（167）　齐人伐燕（170）
天将降大任于是人也（175）　浩然之气（179）
天时地利人和（184）　孟子在平陆（186）
逢蒙学射（188）　　孟子说舜（190）
人皆可以为尧舜（195）　舍生取义（197）
冯妇搏虎（200）　　明堂之论（203）

齐王问卿（206）

《易经》经典故事

关于《易经》 ………………………… 210

说《易》不易（211）　八八生卦（212）

诸葛遁甲（213）　　袁李同工（214）

《易》与科学（215）

《尚书》经典故事

关于《尚书》 ………………………… 218

尧舜禅让（219）　　大禹治水（222）

盘庚迁都（226）　　武王伐纣（229）

武王访贤（233）　　金縢祝册（236）

东建洛邑（240）

《诗经》经典故事

关于《诗经》 ………………………… 244

雎鸠知春（246）　　卷耳情思（248）

新婚祝福（250）　　武士之歌（252）

羔羊之皮（254）　　东方未明（256）

伐木之歌（258）　　硕鼠之谣（261）

狩猎盛景（263）　　"三良"殉葬（265）

常棣之华（268）　　色而忘德（271）

—— 目　录 ——

文王之歌（273）　　　喜庆丰年（276）

《礼记》经典故事

关于《礼记》 …………………………………… 278

申生愚孝（280）　　　曾子守礼（282）
有子之言似夫子（284）　重耳谢秦（286）
杜蒉罚酒（288）　　　苛政猛于虎（290）
文王世子（291）　　　庄公谏士（293）
献文子祝颂（294）　　不食声气（295）
孔子遇丧（296）　　　孔子之丧（299）
礼不过度（302）　　　杀人有礼（304）
柳庄谏赏（305）　　　陈使论吴军（307）
文子知人（309）

《左传》经典故事

关于《左传》 …………………………………… 312

郑伯克段于鄢（315）　曹刿论战（319）
郑厉公杀傅瑕（321）　卫懿公好鹤（323）
齐桓公伐楚（324）　　唇亡齿寒（326）
荀息守诺（330）　　　晋惠公背秦（332）
徒有仁义（338）　　　晋文公归国（340）
介子推不受禄（346）　蹇叔哭师（348）
秦穆公用孟明（352）　晋灵公杀赵盾（354）

宁死不辱使命（357）　　结草报恩（359）
钟仪狱中奏乐（361）　　驹支不屈于晋（363）
宋人献玉（365）　　　　子产主政（366）
子产逐公孙楚（370）　　数典忘祖（373）
吴越之争（375）

后记 ………………………………………… 379

《大学》经典故事

关于《大学》

《大学》是儒家的重要经典之一。原为《礼记》中的一篇。据说它的作者是孔子的弟子曾参，也有人认为它是秦汉之交时期的作品，托曾参之名而传世。但不管怎么说，《大学》作为"四书"之开篇，宋代以后备受名儒大家推崇确是不争的事实。

那么，《大学》是部什么样的作品呢？宋代大儒程颐说它是"初学入德之门也"。朱熹则说："《大学》之书，古之大学所以教人之法也。"就是说，《大学》这部作品其实是教给人们怎样做人的。作品开篇就指出：大学问的原则，在于发扬光明正大的德行，在于更新民风民俗，在于达到德才完美的最高境界。这三条，就是后来儒家治学的所谓"三纲"，而在这"三纲"之下，又有"格物""致知""诚意""正心""修身""齐家""治国""平天下"共八个条目。可见当时的学术界是多么强调做学问者的人品，同时也强调了读书求学的目的是治理国家，使天下太平。

太甲明德

太甲是商汤的长孙,当他成年以后便顺理成章地做了商的国君。要说,做君王的起码应该明德知礼,关怀自己的万千臣民。可是,从小便目无法度,虽读书而不长德性的太甲根本不懂治国之道。他一登基,便抛弃汤的法度,任用小人,另立一套,每日只知声色犬马,囿于女色美酒之中,皇宫中酒海肉山犹嫌不精,太甲又命大臣到民间搜奇食、掠美色。直弄得老百姓民不聊生,国家大政岌岌可危。

对于太甲的这种倒行逆施、无道所为,大多数人敢怒不敢言,而汤临终时付予重托的大臣伊尹则深感责任重大。于是在经过一番密谋之后,伊尹设计把太甲骗离了京城。一开始先是请太甲到西山打猎,而到西山之后就发动兵变,强行押送太甲到远离京城的荒蛮之地桐宫这个地方,并告诉太甲,什么时候真正知道民间疾苦了,还请他回王宫去做君主。

太甲很不情愿地留在了桐宫,他的身边只有两个并不太听话的侍者。虽说一日用度倒也不用发愁,但闲着无聊,落难的君王还是只好主动去和那些当牛做马的百姓打成一片。他目睹了他的子民们衣不蔽体、食不果腹的惨景，他也亲眼看到了小孩子嗷嗷待哺的饥饿之相。他怎么也不能相信，王宫里的酒海肉山就是建立在这饥饿基础上的。现实深深教育了太甲，直到这时，他才深感痛悔与自责，对伊尹的一腔恨怨顿然消失。他决心从今后改恶从善，做一个有德性的君王。

再说伊尹，虽然把君主流放在外，但对太甲的一举一动都了如指掌。如今听说太甲悔过自新，心中也是一片释然。于是，他带领满京城的文武大臣，出城远迎四十里，迎接太甲回京主持国政。太甲果然从此一改前非，大施仁政，百姓们过上了安居乐业的生活。商朝由此再度兴旺，到处一片繁荣，各诸侯国纷纷归顺。

太甲于是成为改过自新而能"明德"的典型事例。

康王治国

商的灭亡与周的兴起是一个此消彼长的过程，也是一个社会进步的过程。毫无疑问，在国家疆土的开拓、国力的强盛方面，文王、武王和周公取得了伟大的业绩，但是，真正使人民团结、上下一心，从而创造了一代盛世的则是周康王。

商朝灭亡以后，它的臣子臣民都成了周的战利品，好多高级官吏变成了庶民，而许多平民百姓则成为周朝新贵的奴隶下人。这些人从表面上看一个个都表现出臣服的样子，但内心里却并不怎么买账，更有甚者，每每还要策动一些小规模的抵抗运动。有的干脆三五成群跑到深山里占山为王，有的则冷不丁刺杀一两个朝廷官员。就整个社会来说，商的遗民已经成为一种隐患。

周康王执政以后，决心根治这个隐伏在社会政治中的顽症。但是他并没有像以往的一些统治者那样对商的遗民进行歧视打压，而是采取更为积极的措施，尽量提高这些遗民的社会地位，把其中的一些人重新招到政府中来做官，给更多的人以土地，使他们成为享有平等权利的自由人，而不用再做别人的奴隶。对于那些躲进深山、图谋割据的人，康王则下了诏书，赦免他们既往的一切过错，招抚他们成为国家的军人甚至军官。这样一来，这种抵抗很快就消失了，社会的对立情绪也很快缓解了。

在此基础上，康王又专门针对商朝遗民进行周朝的礼法宣传，使他们彻底地悔过自新，从精神世界上获得了新生，进而使整个国家获得新生。后来，康王执政期间，天下不用刑罚，而国泰民安，一派繁荣。这首先就是康王"明德"的成果啊。

格物致知

"格物致知"是儒家学说中的一个重要命题，也是《大学》中关于思想修养的一个关键环节，如果换成现代的哲学语言，就是说我们对任何一种思想的研究都应当有一种穷究事物原理的精神，从而达到对社会伦理道德的深切认识。

在这一方面，宋代理学家朱熹认为格物而穷理的途径有三条。一是通过读圣贤书而探究天理所在；二是以古之先贤的道德行为做范例，从而分辨是非，明白事理；三是通过对古今之人行事处世的直观比较，进而寻求合理的行为规范。而明代大儒王守仁则认为，天理就是存在于世人心中的"良知"，因此，"格物"的根本也就在于为善去恶，这样就一定可以使自己的行为道德符合"天理"。

应当说，朱熹和王守仁的这些认识都带有浓厚的唯心主义色彩，因为他们所寻求的并非事物固有的客观规律，而仅仅强调了所谓的自我修养。

与他们相比较，清代思想家王夫之的认识就要进步得多，也更具有朴素的唯物主义色彩。王夫之认为：格物应当以考察外在事物为主，探求事物本来存在的特征和发展变化的规律；而致知应当在深厚的理论基础之上进行理性的思辨，以寻求具有典型意义和指导意义的"天理"。王夫之的认识似乎足以说明在对"格物致知"这一命题的研究本身上，同样也存在着理性与实践的思辨过程，而人们对真理的研究与探求越是近于辩证唯物主义，也就越接近"格物"与"致知"的地步。

修齐治平

"修身""齐家""治国""平天下",简称"修齐治平",是《大学》为儒家思想家、政治家所确立的自我修养与发展的指导原则,也是衡量一个"士"在政治上、学术上成熟与否的标志。说白了,便是一种儒家所追求的政治理想。在这方面,中国古代的儒家思想家、政治家做出了很多的榜样,诸如周公旦、张良、诸葛亮、唐太宗、郭子仪等,但最突出的莫过于同处于北宋中期的两位儒家思想家王安石与司马光。

在"修身"方面,王安石号称布衣宰相,穿戴打扮颇不讲究,拓落不羁得甚至有些邋遢,但在做学问上却一丝不苟。有名的"春风又绿江南岸"一句得来之难即显示了他这种穷学不辍的治学精神。而司马光的"警枕"典故更是自不必言,为了编修《资治通鉴》,他甚至到了忘情忘神忘我的地步。

王安石与司马光在政治上是对立的,但在生活中却是朋友,他们为官多年,双双官至宰相,但家庭生活极度俭朴,数十年内,没有惹出一丝官声不好的口舌。不仅如此,他们还严格要求家人,不得以宰相、参政、大学士的名义去谋取私利。甚至有一次在朝堂议事时，吕惠卿有意无意说了一句"司马光你家莫是放高利贷的吧"，司马光听了如雷炸耳，一回家就严厉查问，结果这事还真有影儿，他的妻子儿女虽说规规矩矩做着臣民，但远在山西家中的亲戚中确实有人时不时放高利贷。司马光气愤之极，立即写信给夏县老家，表示哪怕自己省吃俭用接济家乡，也千万别再有坑害百姓的高利贷发生在司马家门上。王安石对家人要求严格，从不许亲人们打着他的旗号办事，也正是由于他这也许有点过分的规矩，千里迢迢从江西老家来投奔他这个宰相的两个弟弟王安国和王安礼恼火之极，在一些人的金钱美色利诱下，干脆投入王安石的反对派阵营中，和亲哥哥唱起了对台戏。王安石和司马光可算得是"齐家"典范了。

　　身为数十年的朝廷大员，王安石与司马光理所当然都有着"治国""平天下"的理想，而且他们也都有着自己的大政方略，虽说由于观念的不同，两个人在政治上不可避免地成为对立面，但历史地看，他们都有其可取之处。王安石支持"熙宁变法"，倡导"国家资本主义"，可以说早几百年就提出了改革与科学强国的政治主张，正因如此，列宁由衷称赞他为中国十一世纪的改革家。而司马光则在自己的政治主张不能实现的情况下，一头扎进《资治通鉴》的编修之中，把中国历史上宋以前上千年的历代统治之经验教训一一总结，以为后来的统治者留下"治国"之鉴。

尤为可贵的是，王安石与司马光作为政治上相互敌对的高官，在文学上、生活上却交往甚多、互为钦敬，而且在各自当权的时期也毫无例外地给对方和以对方为首的对立面以"给出路"的政策，无论在朝堂上如何对立甚至激怒，却从来没有将对方"抓起来，打一顿，甚至杀头"。那个时候，对政治反对派最大的处罚，也就是罚你去外地做官，例如王安石罚司马光去当"出版署长"（编修局），而司马光对王安石的处罚则是让他去南京（江宁）当市长（知江宁府）。

这些也许是中国古代封建政治斗争史上刀光剑影中的一段插曲吧。

《中庸》经典故事

关于《中庸》

《中庸》和《大学》一样，原本也是《礼记》中的一篇。据说，它的作者是孔子的孙子子思（本名孔伋）。

所谓中庸，就是我们今天所说的"中庸之道"。其核心就是提倡做人处世时不偏不倚，无过和不及。在这个总纲下面，又提出了"慎独""中和""中庸""时中"的道德观念。为了说明君子行事必效中庸的道理，文中列举了舜、文王、武王、周公的道德和政治，从而提出了实现理想政治的方针。可以说，这是对孔夫子那一套政治思想的完善和发挥，进一步证明了儒家伦理与政治不可分离的思想特色。

《中庸》在宋代颇受二程与朱熹的推崇，因而在宋明理学中又得到了进一步的发挥。而随着程朱理学在其后历代封建王朝中的被推崇，《中庸》作为"四书"中独立的一篇也颇走红运，成为科举取士的必修课。而其中所包含的思想，也就日渐渗透到人们的头脑之中，成为中国人道德标准的一个重要部分。

——《中庸》经典故事——

子路问强

孔夫子有弟子三千,其中称得上出类拔萃的"贤人"有七十二名。在这七十二贤人中,绝大多数是颜回式的文弱书生,唯有子路与众不同,此人不仅身高体壮,力能举鼎,而且独好军事,并在这一方面颇有见地,很得孔子的赏识。

一日,子路就行兵者的刚强与中庸的关系请教于孔子:"老师,怎样的人才算得上真正的刚强呢?"

孔子回答:"这首先要看你问的是南方人的刚强,还是北方人的刚强。"

子路说:"什么叫南方人的刚强,什么又叫北方人的刚强?难道没有一个标准吗?"

孔子微微一笑答道:"所谓南方人的刚强,其实是智者的刚强。正人君子行事时总能抱定一个不变的宗旨,以宽容和温和的态度去感化别人,以不卑不亢的语言来说服教育别人。即使人家不理解,甚至当面使你下不了台,也决不采取同样的态度去报复人家。这样的人不达目的是绝不罢休的。

"而北方人的刚强则完全是另一个样。他们豪放、耿直、勇武好强。他们的刚强更多地表现在对敌人的恨和作战的勇敢上。我们常见到北方的士兵，枕戈待旦，作战时奋不顾身，甘洒热血。这样的人，不达目的同样也是至死不休的。"

子路点头称是，深表领会，忽而又问："老师，那么为将帅者是否要取南人北人之强，中和而行事呢？"

孔子说："对了，你这种理解就对了。为将者，应该是道德高尚的人。他们的刚强自然与众不同，他们应该善于与别人团结、协调，但在大是大非的原则问题上又必须勇于坚持真理，主持正义，绝不可无原则地迁就于人。他们在行事决断时，要有独立的人格，不偏不倚，严守中道，绝不听信小人之言。在天下太平时，他们不会为金钱和官位的诱惑而失守操节；而在国家混乱、政治黑暗时，又不会屈服于外来的压力，面对刀山火海，从容不迫向前迎敌，为着真理与正义，至死绝不失节。这才叫君子的刚强啊。"

——《中庸》经典故事——

文王无忧

周文王是一代明君。然而,自古以来最无忧无虑而安做君王的大概也就数文王了。

本来,周乃偏远小国。一开始的时候,文王也没有野心治国平天下,以取代商朝。他所干的,只是以无为而治的方式来管理自己不算大的国家,只要本国不出事,日子平平安安过下去也就是了。然而,文王的命运实在太好了,他的父亲原本就是一代明主,可以说文王的基业全为其父所开创。他的儿子武王年轻有为、英勇果敢、顺应天时,他起兵岐山,数年之间竟灭掉了强大的殷商,一统天下。要说,武王伐殷,算是以下犯上、有冒大逆不道之险的事业。然而,他因为恰恰顺应了天时民意,所以,不仅没有招来骂名,反而名扬天下,被诸侯尊为天子。这样,不仅武王世世代代在宗庙中享受祭献,连子孙们也永保祭祀不断,文王受天下人的尊重与祭祀就更不用说了。文王的大德大福不仅在于他有武王这样的儿子,还在于有周公这样一个杰出的大臣。武王受命为天子时,已到晚年,有许多事情没来得及干就去世了。周公旦受命于天时,一心一意,辅佐武王之子成王，制作礼乐，这才最终完成了文王和武王的事业。

在周公制定的礼仪中，有许多是为君臣排定各种场合的先后座次的，这主要是为了分列尊卑，统一礼仪。也有一些是为大众制定的。例如宴饮时，晚辈必须为长辈祝福举杯，白头之人必须坐在黑发之人的上首，这样就使得各色人等皆以老者为尊，秩序井然，民间敬老之风由此盛行。

武王和周公奋斗一生，完成了先人未竟的事业，而且制定了春秋祭祀天地、宗庙祭奠祖先的大礼。这样，文王在天有灵，也会永远享受香火，乐视太平天下而无忧了。

——《中庸》经典故事——

至诚如神

中庸之道讲究至诚,而上天是不会欺骗至诚者的。一个人的修养如果达到很高的境界,那么他对未来的事物便会有神灵一样的预测。国家兴亡当然是最大的事情,而上天也往往会给人们以暗示和征兆。关于这些,有时可以通过蓍草、龟甲的占卜来推算,有时则是上天直接降给人间以自然灾害来提醒。

比如说,周幽王二年(前782年),镐京附近发生大地震,山崩地裂、河流阻塞,伯阳父知道了便说:"这是天降大祸,预示西周快要灭亡了。"果然,从这一年起,幽王沉湎女色,酷待大臣,天下诸侯多有不满。烽火戏诸侯更弄得怨声载道,人心大失。只过了不到十年,幽王十一年(前770年),西周便被犬戎所灭,周平王无奈东迁,定都洛邑,这便是东周。

再说夏朝,当它将要兴盛时,火神祝融降落在阳城附近的崇山;而当它将要灭亡时,却是火怪回禄在聆隧附近住了两天。一神一怪都是上天的暗示。西周将兴,凤鸣岐山;西周将亡,被周宣王无罪而杀的杜伯变成厉鬼,大中午时穿着红衣红帽,向宣王射毒箭,一箭致死,这才有了直接亡国的周幽王。

　　所以说,祸福将要到来时,是可以预先测知的,关键是你要有清明如水的至诚,不欺而明,仁者之为,神明也就离你不远了。

《论语》经典故事

关于《论语》

我们说，四书五经是儒家学术的核心著作，而《论语》则是四书五经的核心著作。"论语"的意思，根据班固《汉书·艺文志》的说法，"论"是"论纂"，而"语"是"语言"的意思。《论语》主要记载了孔子及其弟子们的言行。全书二十章，四百九十二篇，内容涉及哲学、政治、文化、教育等各个方面。要说明的是，这部记载了孔夫子一生大部分言行的文集，是由他的弟子和弟子的弟子在不同时期反复整理，去粗取精编辑而成的。

孔子名丘，字仲尼，春秋时鲁国陬邑（曲阜）人。生于公元前551年，逝于公元前479年。据孔子自己说，他是殷商苗裔，先祖孔父嘉曾为宋国宗室。孔子幼年丧父，家境渐贫，曾替人看管过仓库，也曾放过牛羊。条件虽然艰苦，但他勤于学习，博学多能，渐成大家。三十多岁时便开始授徒，从而打破当时"学在官府"的传统，创立了私学。公元前501年，孔子出任鲁国的中都宰，次年升为司寇，又升为大司寇。五十三岁时曾代理宰相三个月。但孔子在政治上的作为实在有限，他长期以来所企盼的复兴周礼的理想也很难实现。于是，他只得带领弟子四方奔走、周游列国。在前后长达十四年的漫长历程中，孔子和他的弟子们曾到过卫、陈、曹、宋、郑、蔡、楚等国,但都没有受到重用。直到公元前484年,孔子返回鲁国时,已经是六十八岁了。从此以后,孔子对政治彻底绝望,潜心教育,并整理了《诗》《书》《易》等古籍,最后全力以赴编修《春秋》。

孔子在他一生的教育实践中,提出了许多教育主张。"有教无类"是他收学生的原则,这就使得以前没有资格接受教育的平民得到了受教育的机会。而他的许多教育思想,如"学而时习之""温故而知新""知之为知之,不知为不知"等,都具有永恒的价值。

孔子及他创立的儒学在我国历史上影响极大。孔子本人则被逐渐加封而至"圣人"。可以说,要想研究中国历史,就不能不了解孔子,而要研究孔子,则无论如何离不开了解《论语》。顺便说一句,《论语》不但在中国历代封建社会中被尊为经典,而且也是东亚、东南亚各国,例如日本、韩国、马来西亚等国古今学者的必读之书。

子禽释疑

孔子带着他的学生曾经到过许多国家，每到一处，很快就会对这个国家的时政了如指掌。然后便与弟子们一起分析时政，探讨解决问题的办法。而且，孔子对时政的议论总是切中时弊，抓住要害，预料时局，屡屡被证实不谬。

孔子的弟子中有一个叫陈子禽的，他对老师的此种能力可以说是佩服得五体投地，却又总是百思不得其解。老师是通过什么渠道获知如此之多、如此之新、如此重要的信息的呢？

子禽知道师兄子贡乃是孔子可以说很看得起的得意门生。于是，一天，他悄悄把子贡拉在一边，故意做出很机密、很慎重的样子说："师兄，咱们老师对时政大局独有所知、独有所见的本领也太超人一筹了吧。咱们每到一处，原本陌生之人，对一切都是不太了解的，而先生他下车伊始便对一切了如指掌，甚至对人家国家的许多机密大事也都成竹在胸。其中奥妙，你老兄一定知道些许吧？"

子贡语重心长地告诉陈子禽："咱们先生可不是一

般人啊!你看他老人家温和、善良、严肃、节制、谦逊,哪一样不称得上模范和表率?何况他又有着渊博的知识、不凡的经历。这样的人,哪一个国家的君主能不被他折服?所以,他们见到先生,就一定要主动向他老人家请教,并甘愿把最机密的事情也告诉他。因为他们相信先生的品德,这样,先生自然也就对各国时政了然于胸了。"

子贡的一席话,使陈子禽恍然大悟:"原来这事情也与人的品德有关系啊,怪不得先生成天教导我们要注意品德修养呢。"

子贡论德

子贡是孔子比较得意的弟子之一。不仅别人这样认为，就连子贡自己往往也为此而得意。有一天，趁没有其他同学在跟前的时候，子贡颇为自得地问孔子："老师，现在我想，如果一个人在穷困潦倒之中仍然能够不卑不亢，不对富贵权势者巴结奉承，而在富贵之后，尽管权倾一朝，家有万金却仍然待人彬彬有礼而不恃物傲人，那么，这种人的道德修养应该说是可以了吧？"子贡这样问，显然是认为自己的学问和修养已经相当有水平了。然而，孔夫子却对弟子的这种自鸣得意不以为然，只是淡言一声："这种人，只能说是还可以吧。"

子贡顿觉无颜，只得求教于老师，孔子这才说："你所说的那种修养境界又怎么能比得了虽然贫穷却乐言告人，尽管富贵而又谦逊好礼呢？人只有具有了这种超越功利的淡泊心境，才能算是具有较高修养啊。"

子贡把孔子的话咀嚼再三，方若有所悟地说道："《诗经》中说：'工匠对付骨角玉石，要先剖切再糙锉细刻，然后才可打磨光滑。'我想，是否我们做学问，提高个人修养也都需要像工匠们那样精益求精呢？"

——《论语》经典故事——

  这一次,孔子对子贡的话非常满意,他看看有所启悟的弟子,十分欣慰地对他说:"子贡啊,现在我们可以讨论《诗经》了。因为你已经能够举一反三,从已经学过的东西中推断出未知的东西了。"

七十回首

孔子一生，求学问道，孜孜不倦，是一位很善于把握人生亦能不断总结自我的伟大学者。当他奔波半世后，最终在故乡的土地上讲学论道时，他的头脑便显得异常冷静。

这一天，下课以后，孔子正在端坐凝思，有弟子问："老师，我们都钦慕您的人生经历，您是否可以就这个问题给我们以教导呢？"

孔子沉思半晌，缓缓说道："我啊，从小的时候历经磨难，但那时血气方刚，十五岁我就下定决心发愤求学，立志探讨真理。"

"那后来呢？"弟子问。

"后来啊，"孔子回忆说，"到了三十岁的时候，我便有了自己独立的见解，能够在社会上、在学术界站住脚了。这时我坚持了既定的选择，一心一意地专攻伦理政治。三十岁可真是人生最美好的年华啊！"

弟子们当然知道先生的感叹中别有教导，只听孔子又说："不过，我真正在自己的头脑中廓清世界，真正对社会有了较为透彻的了解却是在四十岁，人只有到了四十岁才可以说不为杂念所迷，才可以说真正成熟了啊。"

弟子们又是一番感叹。孔子接着说："但是呢，若要论真正把为人处世的规律上升到理性的高度，把人生的规律与天命相联系，能够从中再得出自己的见解，这只能是五十岁以后的事情了。直到这时，我才不再浮躁，不再怨天尤人了。"

这时候，弟子们便只剩下理解和沉思的份儿了。因为他们显然已意识到自己身上一定还有不少的浮躁。只听孔子又说："到了六十岁呢，我便可以做到心身相伴，听到别人的话也可以从中判别是非曲直，不易为巧言所惑，也不为过激的言辞所激怒。"

弟子们一个个站直了起来，一个个满脸的崇敬。孔子最后说道："现在，我已进入七十岁了，我的一言一行都无意识地却又必然地顺从礼法。我并不去有意识克制自己，但是礼法在我的头脑中已经根深蒂固了。"

说完，孔子拿起竹杖缓缓踱出门去，而满屋的弟子们则无不对老师投以敬仰的目光。

颜回好学

颜回是孔子诸弟子中最受恩师赏识的一个。他出身寒门,生性也并非特别聪慧,但颜回笃学不止,长于思考,每每能够举一反三,故而深得老师所爱。

有一次,一位刚刚入门的弟子求教孔子:"您总是对我们夸赞颜回,要我们以他为榜样,可是我却觉得他在您的弟子中并非特别突出。比如说,论能言善辩,他比不上子贡;论下笔生花,他不及子游;而论勇武刚强,他又比不上子路。颜回的特色究竟是什么呢?"

孔子知道这位新弟子不了解颜回的为人和学问,便对他说:"说实在的,颜回刚来我这里的时候,我也并不怎么喜欢他。我给他讲课,无论讲得多么生动,他也只是默默地望着我,聚精会神地听着,从来不提出问题,也不发表不同的看法。"

那位弟子不由得问道:"颜回这样木木讷讷的,是不是在智力上有些迟钝呀?"

孔子回答:"关于这一点,我一开始也是这样想的,但是等他离开课堂,我又进行了一些细微的观察才发现,颜回在日常生活中,在平时的说文论道中,早已把我讲的精神实质领会于神,并且往往能够做得很出色呢。更重要的是,颜回能够在实际生活中发挥和弘扬我的观点,颜回实在是大智若愚啊。这样的人,难道不值得我们所有的人学习吗?"

孔子的一番解释,使得那位新弟子也从心底里对颜回折服了。

知与不知

仲由,字子路,是一个很有个性的人,他刚勇好强、勤奋好学,只是缺乏颜回那种沉思笃学的精神。

有一天,孔子把子路叫来,温和而严肃地对他说:"由啊,今天我给你讲讲如何求知的道理吧。首先一点,我们做学问要有一种脚踏实地的精神与作风,来不得半点虚假……"

孔子还没有说完,子路便插嘴道:"老师,这个道理我是知道的。"

孔子微微一笑,做了一个手势不让子路打断他的话,然后继续说:"知道就是知道,要讲实话;不懂就是不懂,不要不懂而装懂。"

子路不由脸上发烧,他明白老师这番话是专门针对自己说的。而不求甚解不正是自己的毛病吗?要说,这些道理还真是知道一二的,但就是往往克制不住,遇事总爱急于表白。

看到子路确感内疚的神色,孔子这才打住了话头,最后语重心长地说:"由啊,在求学的问题上,只有老老实实的人才是真正聪明的人啊!"

子路牢记老师的教诲,此后果然大有长进,并且终成大器。

——《论语》经典故事——

季氏违礼

由于周王朝的统治逐步瓦解，延用几百年的周礼在诸侯之间也多被弃用。在鲁国，权臣季氏大权在握，更是对周礼不屑一顾。

一日，季氏在家欣赏音乐和舞蹈。按照周礼，像季氏这样身份的大夫只能摆出四人一排的舞蹈队。但季氏却毫不在乎地摆出了八人一排而且共有八排的大型舞蹈队。任舞蹈队在院子里唱啊，跳啊。

有弟子把季氏的这种越轨之举告诉了孔子，孔子一听，怒不可遏，在房间里一边踱步，一边怒斥季氏："他怎么敢用只有天子才可以有的排场来享受呢？这是对周王的不忠、对周礼的背叛啊。像季氏这样狠的人，又有什么事情做不出来呢？"

弟子们都劝孔子暂且息怒，孔子停了一会，然后才深感忧虑地说："连贵族大臣都这样不成体统，更何况老百姓呢？国家今后不得安定了。"

又过了一段时间，季氏要领着家人浩浩荡荡上泰山祭祀。

孔子得知此事，更是大吃一惊。因为周礼有规定，鲁国只有国君才具有祭祀泰山的权力,他季氏算什么呢?

孔子大怒不止,派人把弟子冉求从季氏家中叫来。冉求是孔子较为满意的弟子之一,此时正在季氏门上做家臣。

不一会儿,冉求应召来拜会老师。孔子毫不客气,一见面就严厉责问:"冉求,你难道不知道季氏这种做法是违礼的,要招致大祸吗?你怎么能不去阻止他的这种失礼行动呢?"

冉求无可奈何地摇头苦叹说:"老师,您的意思我明白了,我怎能不阻止季氏呢?只是他们根本不听我的话,我实在无能为力啊。"

孔子深有感叹地说:"他们根本不计后果,这就可悲了,如此一意孤行,季氏会有灭顶之灾的。"

冉求赶忙祈祷:"但愿泰山之神保护他们。"

孔子冷冷道:"难道泰山之神还不如普通人懂礼吗?泰山之神又怎么会接受季氏那种不合礼法的祭祀而保佑他们呢?"

冉求只落得满面惭愧。

管仲不足

管仲是齐国著名的政治家,他曾力佐齐桓公而成就霸业,使齐国威风了一阵子。对于这样一位曾经叱咤风云的人物,孔子的弟子们更多的是佩服。

有一天,弟子们和孔子聚在一起评价春秋时期的风云人物。一位弟子认为:"管仲确实了不起啊!他对外纵横捭阖,开一代先河,成就了齐桓公的霸主地位;而对内又精于治理,通晓法令,使得齐国国富民强、社会安定。他可以算得上一代名臣了吧。"

孔子听了,面露不悦,却仍微笑而言:"你说的这些也是事实,但管仲也有许多不足啊,他器量太小,那么好的时机,却没有辅佐桓公成就王道,这是他一生的最大败笔了。"

又有弟子问道:"老师,那么除此以外,管仲在其他方面怎么样呢?比如说他的个人生活、礼仪表率。"

孔子不以为然道:"管仲啊,他这个人在生活上是太不注意节俭了。他有三处豪华的公馆,每一处都有众多的职员,他手下干事的人分工明确,即使有人非常清闲也绝没有帮人干事一说。他太不注意节省人力物力了。至于在礼仪上，管仲就更成问题了。比如按周礼所定，只有国君才可以在门前立个屏风。而管仲是什么呢？他竟也立了。这是犯上啊。又比如说，国君可以在堂上有放置酒杯的设备，这是周礼所定，是为了招待国宾。而管仲却也在自家客厅照样来了一套，你能说他这是懂得周礼吗？"

众弟子默然，从此再也不敢在先生面前颂扬和议论管仲了。

千古导师

孔夫子带领弟子周游列国，原来是出于对鲁国强臣欺主、礼法尽失的不满。但在游历各国的过程中，他目睹了更多的黑暗，这也就更加坚定了他克己复礼、育人救国的志向。这一天，孔子一行来到卫国的边境小城仪。天色甚晚，孔子便决定在这里过夜歇息，以待来日赶路。

刚刚安顿停当，镇守仪地的军事长官求见孔子。弟子们考虑到老师刚刚休息，不愿打扰他。这位小官只好自报家门："我官虽不大，却是此地之长。按礼法，我可以求见路过此地的任何人而不得拒绝。事实上呢，我又非常喜好交友，仰慕有学问的人。所以，但凡路过此地的学者，我没有一个不拜访的。麻烦你们还是和先生通报一下吧。"

弟子们见此人虔诚，说得又十分在理，于是领他去见孔子。孔子也被这位崇拜者所感动，不顾鞍马劳顿，与此人秉烛夜谈。

二人相谈甚广，从时政到礼法，无所不论，大有相见恨晚之态。直到夜深人静，小官才依依惜别地离开。

走出馆门，他对前来送行的孔门弟子说："你们各位真走运啊，跟上了这么一位前所未有的大师。我虽然仅和他接触这么一会儿，但真正是与君一席话，胜读十年书呢。"

有位弟子叹了口气说："先生您说的是，可是以我们老师如此之高的道德学问，却不能在鲁国得到重用，这些年来，就只得饱尝颠沛流离之苦了。"

仪城的长官说："非也，各位大可不必为夫子的失位去国而惋惜。如今这世道黑暗动乱已够长久的了，上天是有意安排你们夫子这样一位智者创立法度，救世于苦海啊。你们的先生，他可是我们后人的千古导师呢。"

富贵人欲

孔子一生贫穷，但他并不反对别人发财，孔子政治抱负终不得施展，但他又总是寄希望于开明的政治家。有一天，孔子正和弟子们谈论道德问题，一位弟子问："老师，有学问有道德的人可以不可以追求金钱和地位呢？"

孔子略一停顿，答道："金钱和地位，这是人人梦寐以求的东西呀。君子为什么不可以得到它们呢？当然，君子追求金钱和地位的途径不能与小人相同，如果不择手段地谋取金钱和地位，那么，君子宁愿放弃一切。"

那弟子又问："老师，既然如此，那么君子又怎样才可摆脱贫贱呢？"

孔子微笑着回答："贫穷与卑贱是人人都不愿意的啊。难道君子就应该地位下贱、经济窘迫吗？不是的。但我们要说的是，君子应当通过光明正大的手段去摆脱贫穷，而不应当用歪门邪道达到富贵。"

又有弟子问："在富贵的诱惑面前，君子如何才能抵御歪门邪道呢？"

孔子正色道:"这就要看我们的人格精神和你的道德力量了。作为君子,哪怕是一顿饭的工夫也不能离开仁德,哪怕在仓促动作的瞬间也不能忘记仁义。如果离开了仁道礼义,那就谈不上君子之为了。"

孔子择婿

在孔子号称七十二贤人的弟子当中，有一个叫公冶长的。此人为人厚道、品性耿直、苦学不倦、道德高尚。他虽历经坎坷，但矢志不渝，是孔门弟子中德性较高的一个。孔子认定公冶长是个靠得住的人，并且也看出公冶长和自己的女儿互相钦慕，私下有意，便准备同意这门婚事，把女儿嫁给他。

一位老朋友知道这件事后，急忙赶来拜见孔子，想证实一下此事的真假。

朋友看到孔子身边再无他人，这才询问："仲尼呀，听说您选中公冶长做您的女婿了，是真的吗？"

孔子很认真地点了点头。

朋友大惑不解："仲尼呀，您有那么多弟子，还愁找不出一个比公冶长强的吗？公冶长他有什么突出之处受您这番青睐呢？"

孔子回道："公冶长品学兼优，这还不够吗？更重要的是，君子应当成人之美，我这个做父亲的，有什么道理干扰孩子们的好事呢？"

朋友又说："仲尼啊，这也罢了，可您知道公冶长曾犯案被关在监牢里，这可是件极不光彩的事呀，您连这事也不考虑吗?"

孔子哈哈一笑道："确有其事，我何尝不知它的利害？但我已做过深入了解，那是一件冤案，公冶长本人是无罪的。这只能证明他的品质高尚啊!"

朋友最终信服了孔子。不久，孔子便给女儿和公冶长办了算得上隆重的婚事。不仅孔门弟子一起祝贺，就连那位当初反对此事的朋友也前来喝了喜酒。

孔子论贤

孔门弟子号称三千,"贤人"也有七十二之多。但实际上真正能够得到孔子赏识的并没有几个。尤其是他周游列国之后,在重返鲁国开展规模型教育的时候,他就对自己的每一个弟子都有了恰如其分的评价。

听说孔子重返故里,鲁国重臣孟武伯特地前来拜访,想从孔门众"贤人"中挑选几个上等的干才。

孔子在书房很庄重地接见了孟武伯。道明来意之后,孟武伯求教道:"先生您历来看重人的仁德教育,那么在您的徒弟中总有几位这方面的杰出人才吧。比如子路,大名鼎鼎,他可算得上仁者了吧?"

孔子不作回答,只是默默地摇了摇头。

孟武伯不愿就此打住,就继续问道:"先生,子路这个人究竟怎么样啊,难道他只是徒有虚名吗?"

孔子这才答道:"要说仲由嘛,他在军事方略上确实是有才华的。可以让他担负具有千辆兵车的大国军事长官而根本用不着为他担心。但是您要问我他够不够格是个仁者,这我可就不好回答了。"

子路可以统兵,孟武伯心里挺高兴的,但他来的目的并非只要一个子路,于是又问:"先生,那么您认为冉求这个人怎么样呢?他可够得上是个仁者了吧?"

孔子不再绕弯子,直接回答:"至于冉求嘛,他可以胜任拥有千户居民的地方长官,他很善理政。但他算不算是仁者,我仍然没法回答您啊。"

孟武伯接着打听公西赤的情况,孔子评价说:"公西赤仪表堂堂,通晓文仪,但对于他算不算是仁者,我还是不知道啊。"

孟武伯这才知道,原来在孔子眼中,仁者的标准是非常高的。不过他此行的目的已经达到,挑选三个可用之才,这对国家来说也是大事,至于谁是仁者,也就不管他了。

——《论语》经典故事——

朽木不雕

孔子一生，勤学不倦，学而不厌。孔子教学，精于课读，勤于检查。他对弟子历来要求很严，容不得任何不思上进和懒惰怠学的现象。

这天上午，正是弟子们自习苦读的大好时光，孔子一个人悄悄来到弟子们的宿舍，查看大家的情况，解答弟子们提出的难题。

可是，还没走进房门，孔子就被一阵如雷鼾声吸引了。这是怎么回事呢？孔子赶忙进屋一看，却是弟子宰予正躺在床上梦里思乡呢。

对于此种大白天昏睡度日的现象，在孔子的弟子中还是第一次出现。孔子异常生气，不由得当众痛斥道："宰予啊，你这样的人正像一块腐朽的木头不可用来雕刻，像肮脏的土墙不能进行粉饰一样，这样的人还有什么希望可以造就呢？唉！我是没有什么可说的了。"

直到这时，宰予才被同学叫醒，一看先生正在发怒，"朽木"立即明白了怎么回事，连忙跪倒在地，口中连声说道："老师，我一定改正，我一定改正。"

孔子不信任地摇摇头说："本来，我对别人是听人家怎么说,就相信人家怎么做。但这件事使我明白,看人,不仅要听他怎么说,更要看他怎么做啊。"

宰予痛悔万分,痛哭流涕地说:"老师,您不要听我说,就看我今后的行动吧。"

果然,宰予说到做到,从此刻苦攻读,好学不倦,终成为一名可造之才。

瑕不掩瑜

"谥号"是封建社会中王公大臣死后君主根据其生前政绩武功而追赠的称号。有一年,卫国大夫孔圉死后,君主给他谥号为"文"。子贡得知这个消息,大惑不解,因为人们都知道,孔圉为官日久,生活上近于靡费,而且好色有名,这样的人,怎么称得上"文"呢?

于是,子贡前来向先生求教:"老师,您觉得孔圉这样的人可以称得上'文'吗?他可是毛病多多呀。"

孔子答道:"孔文子生性聪明,而且勤奋好学,称得上才学过人。他又身居要职,好多人像他那样尾巴都翘到天上去了,而孔圉非但不自满,反而经常就一些自己不太精通的问题虚心向下面的人求教。他知识渊博,但却能汲取不如他的人的长处,而且丝毫不认为有伤体面,这可以说是'文'最突出的特点。至于其他缺点,又怎么能掩饰得了他的超人之处呢?"

子贡这才恍然大悟,明白了瑕不掩瑜的道理,孔圉确实无愧于"文"的称号。

师徒明志

孔子一生，志存高远，但他并不轻易给别人说自己的志向，只有和几个最得意的弟子在一起的时候才能无所不谈。

有一次，颜回约子路一起来到先生家中，三人同席而坐，广谈博论，气氛十分融洽。言谈之间，孔子突然来了兴致，对两位得意门生说："今天你们二位在座，咱们何不谈谈各自的志向呢？来，谁先谈？"

子路率直，自然当仁不让，他就像在课堂上回答问题一样，举起右臂，侃侃而谈道："我先说吧。我这个人呢，也不图别的，只希望在富国强兵之余，能把我的车马、皮衣与朋友共享，即使别人用坏了、穿破了，我也决不抱怨。做朋友嘛，就是要有福同享。"

孔子点头，不置可否，然后把目光转向颜回。颜回略一思考，慢条斯理地说："我决不希望别人夸奖我的好处，我也不会向别人表白我的功德。但是，只要是对他人有利的事我都愿意去做，决不计较自己的得失。我觉得，这是我应该做的，不需要宣扬。"

孔子和子路都点头称是。子路又对孔子说："老师，现在该您谈了。我们可是都想知道您的志向呀。"

孔子站了起来，很庄重地说："我只愿普天下的老人都能得到奉养，安度晚年；只愿普天下的人们互相信任、互相尊重、互不猜忌；只愿普天下的孩子们都能受到关怀，茁壮成长。这就是我的志向啊。"

孔子的话，使颜回和子路感慨不已，看来，先生确实是远远高出他人一筹啊。

冉有济私

公西赤奉孔子之命到齐国去办事,临走时请来好友冉有,托冉有代他照管家中老母。冉有满口应承。一天,冉有看见公西赤家中小米不多了,就请示孔子:"老师,咱们用仓米给公西赤家一点补助吧。"

孔子说:"补助一点是可以的,你就给她六斗四升吧,够吃一阵子了。"

冉有觉得受人之托代为管家,小米送太少了不好意思,就请求孔子再多加一点。孔子又说:"那就再给她二斗四升吧。"

在孔子看来这似乎已不是个小数目了,但冉有却觉得不过瘾,只是不好意思向先生再次开口,就自作主张,从仓库里运出八百斗小米送给公西赤家。

这事不过两天就被孔子知道了。孔子很是生气,派人把冉有叫来,对他说:"你应该知道,公西赤此次出差并非什么苦差,骑着高头大马,穿着华丽的朝服,享受着高级待遇。别说有生命危险,连吃苦都谈不上,这样的差使,别人抢都抢不上呢。你可以告诉他的母亲,尽管放心好了。又何必拿那么多粮食赠私呢?"

冉有明白老师是批评自己徇了私情，而实际上公西赤家里也并不需要那么多小米，赶忙连连认错："老师，这件事完全是我自作主张的，与公西赤母子是没有任何关系的，要处分您就处分我吧。"

孔子见冉有认错态度诚恳，便叫他站起来，耐心劝导说："冉有啊，君子应该想办法接济有困难的人，而不应当为富人赠送财富。为人慷慨是好的，但也要有个道义界限，这就叫可雪中送炭，不锦上添花。"

原思拒富

孔子周游列国，到处讲学，名望越来越高。所以，当他再次回到鲁国的时候，鲁国的国君就不得不对这位学者刮目相看。孔子也总算有了一个施展政治抱负的机会，在五十二岁的时候，出任了鲁国的司寇。所谓司寇是什么呢？就是主管司法的大臣。这样一来，孔子政务繁忙，还要考虑教学问题，而来他府上办事的人也越来越多。贫穷的教书先生骤然成为政要，几乎一贫如洗的家业也就庞杂起来，孔子甚至觉得必须有一个人来代他掌管家务了。这个被孔子任命为总管的人，就是孔门弟子中善于理财的原思。

原思上任伊始，孔子考虑到他的家也不算富裕，便决定给他每年九千斗小米为俸禄，这个标准，在当时可以说是比较高的了。

然而原思却拒不接受这么高的俸禄。他直接找到孔子，非常诚恳地对孔子说："老师，您对我的关怀和信任，我是感激不尽的，管家这份工作，是我们做弟子的求之不得的差使，是人人愿尽的义务，我怎么敢贪求那么高的俸禄呢？我请求您还是把我的俸禄定得低一些吧。"

孔子看着原思,一方面很欣赏他的这种态度,一方面又很认真地说:"原思呀,你不要推辞,现在既然给你一定的地位,那就应当按规定给你相应的报酬,这是国家的规定,不是谁对你的恩赐。"

原思仍然坚持自己的观点,又说:"老师,您也知道我的为人,生活上一向节俭,家中又无大的负担,我要那么多俸禄干什么呢?"

孔子以决断的口气,同时又是提醒原思道:"原思,我定了的事情就不要改变了。至于你如果确实不需要那么多钱粮,为什么不把剩余的那部分用来周济你周围的穷人呢?"

原思恍然大悟,欣然从命去了。

闵损拒官

孔子对弟子的品行要求甚严,做先生的身体力行,弟子们也竭力仿效。所以,他的弟子中不仅有前面所说原思那样拒富不贪的,也有闵损(字子骞)这样拒官不为的。

且说鲁国大政在季氏一家把持之下,日渐混乱,礼仪不存。但季氏为了巩固统治,又在千方百计网罗人才。

一日,季氏忽听得孔子弟子中闵子骞是个与颜回齐名的贤者,尤其是品行端正,孝道闻名天下。如若请来此人,岂不可以说明自己重贤用才呀?

于是,季氏决定任命闵子骞为费邑的长官。季氏的使者兴冲冲地来到闵子骞的书房,他本以为,以季氏的权势,盛情相邀,且又是如此人人眼红的好差使,闵子骞哪有不从之理。

然而,那使者和季氏哪里知道,闵子骞对季氏的所作所为早就有看法。所以,他对那使者只是虚与委蛇几句,便请他向季氏转达自己不求功利,对功名早已淡泊无意的意见。

——《论语》经典故事——

季氏的使者大惑不解,他无论如何也不明白闵子骞何以会拒绝做官,于是又说:"先生,如果您今天是因为心情不好的话,请考虑一夜,明日我再来访。"

闵子骞急了,唯恐季氏再来纠缠,于是极为严肃地说:"我告诉你,如果你再来,那我可就要离开鲁国,过汶水而到齐国去了。本人说不做官就是不做,这又何苦相强呢!"

季氏知道这些情况后,长叹一声,也就罢了。

安贫乐道

颜回是三千弟子中孔子最为看重的一个，可惜他物质生活极端贫困，身患疾病而长期不能根治，故英年早逝。这使孔子非常伤感。

颜回死后不久，有一个新进门的弟子总听师兄们颂扬颜回的品德和学问，便怀着好奇的心情问孔子："老师，这些天来，我总是听您和其他人谈论颜回，他果真有那么贤德吗？您能否评价一下他呢？"

孔子怜爱地看着这位后学者，沉重地说："要说颜回啊，那可真是个好样的。他家境极贫，每天只吃那么一小碗饭，喝一瓢水，从不企求什么美味佳肴，他住的房子，处于几乎仅能遮风避雨的陋巷。"

那弟子不禁感叹："在这样的条件下，生存都是很困难了，颜回他又怎么能谈得上做学问呢？"

孔子几乎陷入了一种久久的回味之中，当年师徒论道的日子似乎又回到了眼前，口中只是喃喃道："是啊，一般人在那种条件下早就退缩了，可是颜回却自得其乐，他从不为物质生活的贫困苦恼，他是把全部的心神都投入学业上去了。唉！颜回可真是一个难得的高尚的君子啊。"

当说到这里时，孔子几乎已忘却了身边站立的弟子。而那个学生也为老师的这种忘情所深深打动。

以貌取人，失之子羽

子游是孔子很看重的弟子之一，在孔子的推荐下，子游被任命为武城的邑宰。一年以后，子游便把武城治理得井井有条。政务闲暇之余，子游抽空来专程拜望老师。

寒暄之后，孔子先是夸赞子游工作努力，政绩明显，而后问道："你在那个地方发现和任用了什么有贤德的人才了吗？"

子游谨遵师嘱，很注意发掘当地人才，所以一听孔子问，就毕恭毕敬地说："老师，我确实选拔了一批人才，其中一个十分突出的叫澹台灭明（字子羽），他可以称得上是贤者了。"

孔子很高兴，说："你能不能说一下这个人的情况呢？"

子游不禁一怔，连忙说："老师，这个澹台灭明，他也曾经是您的弟子啊。"

这一下轮到孔子愣住了。但他很快想了起来："噢，你说的是那个相貌出奇难看的澹台灭明啊，我怎么没有发现他的才德呢？"

子游认真地说道:"老师,子羽这个人是长得很丑,但他为人处世可是光明正大。自从他当我的助手以来,除非公事,他从来不到我的府上。要说,我们还算同学,来一下又怕什么呢?但子羽这样做,是为了杜绝吹吹拍拍、溜须拍马的恶习啊。"

孔子听了,不禁恍然,深深地自责道:"如此说来,子羽确实是个君子啊,而我却是以貌取人,错失贤者了。"

从此以后,孔子逢人就赞澹台灭明的美德,而澹台灭明在离开武城以后,又凭借孔子的推崇而在江南做出一番事业。

子反让功

春秋时期,诸侯国之间战乱不止。有一年,齐国军队大举进攻鲁国,双方在鲁国的都城外面展开激战。

当时,鲁国军队分为左右两军,其中右军统帅为孟子反。战斗一开始的时候,齐军人多势众,冲击有力,而鲁军则平日训练不精,统帅部的战略目标又不明确,所以,双方刚一接触,鲁军就败了下来,齐国军队乘势掩杀,眼看着鲁军已处在四面被围、全军覆没的危急关头。

就在此生死关头,混乱的鲁军中突然站出一员大将,他挺立车头,挥剑高呼:"不愿打败仗的弟兄们,不怕死的弟兄们,跟我来!"

如潮涌动的败军渐渐安静下来,大家一看,这位不怕死的将军竟是他们的右军统帅孟子反。于是,立刻有近千名精兵集合在他的身后,他们掉转车头,大声喊叫着,迎着排山倒海般冲杀过来的齐军冲了过去。

齐军尽管兵多将广,且正在胜势,但谁也没想到溃败的鲁军居然还有力量反击,一时被打蒙了头,纷纷停顿下来,重新整队,对付突然出现的这股鲁军。而就在这段时间里，鲁军得以从容撤退进城，并布好了阵角。

孟子反率领千名勇士，在几万名齐国军队的追击下，且战且退，好不容易才来到城边。而城上的鲁国守军并不知道子反的血战经过，只是急忙大喊："孟大夫，快快进城，您一向打仗挺厉害的，今天怎么落到最后了呢？"

孟子反却顾不上答话，他只是再次回头搜寻，直到近千名勇士都已安然进城，这才举起马鞭，顺手一甩，打马进城，同时回答城上守军说："没什么，没什么，并不是我不想进城，也不是我要殿后掩护全军，实在是这匹马老了，它跑不动了，冲不到最前面了。"

孔子知道孟子反这件事后，对弟子们夸赞说："孟子反这个人可真是品德高尚啊！幸亏有他部队才免遭重大损失，他是最有功的，可他却丝毫不以功臣自居。孟子反可以说是为将帅者的榜样了。"

樊迟敬神

樊迟是孔子诸弟子中比较重视实际的一个。一天,孔子到樊迟的宿舍去检查功课,樊迟正在品读《诗经》,师徒二人就政务管理问题展开了讨论。樊迟请教道:"老师,对于从政者而言,怎样做才能算得上是聪明呢?"

孔子回答:"一个好的地方官,首先应该在伦理道德上下功夫啊,如果能使自己的百姓通文晓理,人与人之间和睦相处,那他就可以算是一个聪明人了。"

樊迟又问:"老师,现在百姓都很信鬼神,地方官应该不应该敬仰鬼神呢?"

孔子沉思半晌,然后才慎重地说:"樊迟啊,你问的这可是个大问题。要细说呢,一下子是说不清的,简单说吧。我认为,对于鬼神,你可以采取敬而远之的态度,不要在这方面费什么力气了。做官,还是要靠人的努力和作为,鬼神是靠不住的。"

樊迟进一步求教:"老师,那么对于一个地方官来说,他怎样才能称得上是仁者呢?"

孔子很高兴樊迟这种穷学不厌的精神,拍着樊迟的肩膀说:"迟啊,不论做官做到什么地步,都要有一种精神,那就是艰难的事情自己抢着干而不居功,有名有利的事情退居他人之后而不计较,这样的人就可以算是仁者了。"

仁智之别

孔子一向强调弟子们要做仁者，但同时又教导他们行事时应当是个智者。这一天，有弟子终于向孔子提出这样一个问题："老师，在仁和智之间，究竟有什么区别呢？"

孔子很乐意地回答了这个问题："一般来说，聪明人总是通达事理，所以他们爱好与水为伴，川流不息；而仁德者安贫乐道，少于交游，所以他们喜欢与山为友，肖然不动。"

又有弟子问："那么，他们二者在性格上又有什么特征呢？"

孔子答道："在性格上的区分就更明显了。聪明人慧而好动，生性活泼，兴趣广泛；而仁德者多半喜静少动，生性沉稳宁静。"

弟子们人人做出一副若有所悟的样子，以为先生这个课题已经说完，没料到孔子却又接着说道："还有一点，在生活上他们也是不同的。聪明的人，总能从生活中得到快乐；而有仁德的人心境恬淡，遇事不怒，所以长寿者多多。以上三个方面的区别，只是我从生活中观察出来的，不信，你们可以再去看看周围的人。"

仁者陷阱

前面说过,有一次孔子检查学生自习,发现宰予正在蒙头大睡,于是一怒之下,斥之为"朽木不可雕也"。对于这件事,宰予嘴上不说,心里却总是念念不忘,老想找机会给孔子一个难堪。这一天,在苦思一番之后,宰予认为机会来了,便趁着大家都在一块儿讨论问题,突然向孔子发难:"老师,我想请教一个问题。"

孔子见是宰予发言,很高兴,他认为这是宰予悔过自新,刻苦读书而有什么心得体会了。于是示意宰予说下去。

宰予颇为得意,于是说道:"这个问题,怎么说呢,我就举个例子吧。如果有人告诉一位仁者,说是'井里面有仁义真谛所在',那么仁者会不会跳下去呢?"

对于这一近似于刁钻古怪的问题,弟子们都不以为然,好多人哄笑起来。孔子却没有笑,也没有责备宰予,而是微微一笑道:"宰予,你为什么要哄骗仁者往井里跳呢?这可真是仁者陷阱呀。如果你厌恶仁者,完全可以赶走他或者躲开他,为什么非要陷其于井呢?"

这一番话,义正词严,宰予羞得无地自容,连忙尴尬地辩白："老师，我并没有陷害仁者的意思，我只是想知道仁者会不会轻易上当。"

孔子又是轻轻一笑，摆摆手说："宰予，不要介意，老师只是像你一样做了个比方。不过我们应当明白，如果用合情合理的事情去哄骗仁者，那么仁者也许难免要上当的，但如果要拿毫无道理的事情去愚弄仁者，仁者是决不会上当受骗的。"

宰予默然，众人默然。

子见南子

这是一个曾被各色人等爆炒多次的故事。

南子是卫国国君卫灵公的夫人。据说此人天姿国色,确非一般女子。这一年,孔子一行周游来到卫国。他看到卫国上下倒也勤于理政,人民生活还算安宁,文化气氛也还不错,便想暂且滞留此地,多待些时日。

且说南子虽在深宫,却对外面的世界了解甚多。她很早就仰慕孔子的人品才学,如今听说这位大学者来到卫国,真是恨不能一睹风采,也可以就一些学术问题求教名师。于是,南子派人特邀孔子进宫晤谈。

孔子先是婉言谢绝。但南子的使者执意要请,又说以卫国的礼节,以周礼大仪,孔子不去都有违礼节,何况想在卫国住下去办一些事情,又怎么可以得罪南子呢?

孔子想想也是,何必为此小事而激怒东道主。于是很慎重地换了礼服,往见南子。南子也穿上礼服,以周礼之仪隔着帘子与孔子交谈。二人相晤时间虽不算久,但南子还是感到实在获益不浅,吩咐大臣们多加关照孔子一行。

再说孔子回馆。听说老师与南子会见,别人倒还罢了,独有子路,一边嘟囔不休,一边就拉下脸来,不拿好脸色给孔子看。

孔子当然理解子路的心思,却又不便多做表白,只好苦笑着对子路说:"子路啊,关于见南子这件事,我若有什么违礼之处,就让苍天惩罚我吧。"

至于人们传说孔子与南子的其他事情,则纯属杜撰了。

信而好古

孔子治学，美名远扬。每走到一处，都有好多人前来拜访，共同谈经论道。一日，又有几位好友聚在一起，其中一位请教孔子："先生，我周围的人都很仰慕您的人品学问，也很想知道您是怎样治学的，有没有什么秘诀可以授人呢？"

孔子笑道："就算有吧。事实上，我这个人的特点就是喜爱古代文化，笃信古圣遗教，一心一意想从历史文化中寻找王道脉络。"

朋友又请教："您在学术上的贡献也是众人皆知的，能不能总结一下您的治学精神呢？"

孔子答道："说到治学，我当然是求学不倦的。更主要的是总能把所学过的东西默诵至熟，牢记于心。然后，又用自己所学的知识来传播文化，广颂王道，辅导弟子而广育英才。"

朋友颇受感染，插话道："是啊，先生您在教学上那更是独树一帜了。能不能总结一下您教书育人的经验呢？"

孔子说："经验嘛，也谈不上，我无非是勤于教导学生，永不倦怠罢了。"

道与六艺

孔子的教育事业日益兴旺发达，尤其是他周游列国，再次返回鲁国有了一个比较安定而优越的环境之后，前来拜师入门的弟子更是络绎不绝。

一天，孔子把一群新进弟子召于堂前，逐个点名相识之后，开始了入学训导。

孔子说："你们尽管是新进学门，但一开始就要有远大的志向，为追求仁治王道奋斗不息，甘愿以身殉道。"

弟子们点头称是，人人表示将牢记于心。

孔子又说："为人处世要力求于仁，时时处处以仁来要求自己，把持自我道德，而不能有丝毫与仁者相违的放纵。"

弟子们再次呼以响应，孔子最后说道："在上面两点的基础上，你们才可以广泛地涉猎于礼、乐、射、御、书、数等六艺，把自己培养成为一专多能、全面发展的人才，这样你们就会实现自己的志向，为社会为王道大业做出应有的贡献。"

又一次的"开学典礼"至此即告结束。

不愤不启

孔子教学成就很大，同行多有景仰。有一位同样从事教学多年的朋友来拜访孔子，寒暄之后，朋友做出一副很苦恼的样子说："仲尼啊！我看您教导的学生，一个个皆成大器，我的学生则总是难得长进，教什么记什么，从不肯动脑子想想问题，看起来倒也用功，可收效实在不大。请问，您是怎么样教会学生思考问题的呢？"

孔子很为朋友的诚恳所感动，真诚地对他说："唉，老兄，您怎么不知道，我们教育学生的原则，首先应是注重培养他们的自主学习和独立思考的能力呀。如果只是满堂灌式的教学，那人与鹦鹉何异？"

朋友点头，孔子又说："说到教学方法呢，不瞒您说，我认为最好的办法就是老师不要直接把所要学的知识告诉学生，而是应当先提出问题，激发起学生的求知欲望，让他们主动去动脑筋想问题，直到他们苦思冥想，说解而又不得其解的时候，再把答案告诉他们。"

朋友赞同地点了点头，然后又问："仲尼，其实我有时也很希望他们多动脑筋，但是怎样才能使他们既会思考问题而又不钻牛角呢？"

孔子说:"这就有一个个性问题了。凡能触类旁通的人,你就可以希望他学会思考,而如果有的人我告诉他东方在哪边,他却不能推断出西方、南方和北方在什么方向,这样的人,就没有必要开导他了。"

大智大勇

孔子尽管满腹经纶,久有治国之志,但他所处的社会和现实却总容不得他自由发挥,在政坛上一展身手。因而,郁郁不得志便成了他的一种心态。有一次,孔子和颜回、子路等几个最受赏识的弟子在一起探讨各自的人生抱负和实现这种抱负的途径时,孔子先说:"在我看来,如果上天有眼,有开明的君主重用我呢,我就济世行道,大干一场。如果上苍不开眼,昏君无道,无人赏识,我就甘愿退隐山林,决不出道。"说着,他用手指了指颜回:"就目前来看,能这样做的大约只有你和我二人了。"

子路生性耿直,一看孔子把颜回抬到这么高的地位,心中颇是不服。他想:论文章道德,自认比不上颜回,但若论治理三军、行兵打仗,颜回又怎么能和我比呢?于是,他站起来说道:"老师,您若治国理政,总离不开军队吧。假如要您统率大军,带兵打仗,那么您挑选谁做助手呢?"

孔子知道子路的意思,也正有意借机指出他的弱点,便以半开玩笑的口气笑着说:"这个嘛,我想我反正不会选择那种赤手空拳就考虑与老虎搏斗、不上船而只想泅渡过河的人在一块儿统兵。打仗，只有一腔蛮勇和匹夫之力是远远不够的，弄不好，怕是打了败仗也不知原因呢。"

子路一肚子的气顿时泄了下去，不好意思地说："我当然知道，大勇还须有智才行，我缺少的正是大智。"

孔子见子路出言率直，心中毕竟喜欢这个弟子，于是安慰道："仲由忠勇可嘉，这是用不着怀疑的。今后如果再能临阵机警知变，处事考虑周详，作战善用韬略，那你就可以战无不胜了。"

——《论语》经典故事——

子不助恶

前面我们说过，孔子在周游列国时曾在卫国住了一段时期，而且和灵公的夫人南子见过一面。那个时候，卫灵公治国有方，整个卫国倒也还算太平。可是，没有多久，卫灵公突然去世了，本该继位的世子蒯聩由于灵公在世时曾经策划暗杀南子败露而逃到晋国，因此，继位者就成了卫灵公的孙子蒯辄。要说，这位新君和逃亡在外的蒯聩是亲父子，可是，在王位争夺上却绝不留情。老子一看儿子已经继位，便请晋国派兵帮他夺回宝座；而儿子一看老子居然借外人以自重，便调集重兵，准备迎敌。一场父子大战迫在眉睫。

而这个时候，孔子正和弟子们住在卫国。这一天，几个弟子谈经论道之余，不免谈论起卫国目前的形势。冉求说："咱们先生曾受过灵公和南子的不少好处，咱们安居于此，也是多亏南子关照，现在，新君之争如此之乱，双方可都需要先生的帮助呀！你们看，咱们先生会不会帮助其中某一方呢？"

子贡说："这个问题我也考虑过了，现在不妨问问先生。"于是，子贡一个人跑到孔子书房，问道："老师，我想知道您究竟如何评价伯夷和叔齐这兄弟俩。"

孔子明白子贡的意思，知道他不过是想说的话不便直说，只是转弯抹角旁敲侧击罢了。于是答道："这二位是古代有名的贤人啊。"伯夷和叔齐弟兄二人为了推让王位而相继退隐，这个典故，孔子早给弟子们讲了非止一遍。

子贡又问："那么伯夷和叔齐互相推让，谁也不去做国君，后来他们会不会后悔呢？"

孔子答道："伯夷、叔齐追求的是他们自己心中的道德境界，他们已经得到了自己想要得到的东西，又有什么可后悔的呢？"

子贡明白了老师的意思，找到冉求等人说："先生态度分明，很厌恶卫国这场父子争位的丑剧，他肯定不会帮助任何一方的。因为这是场不仁不义的纷争。"

三人之行

孔子治学严谨，道德文章皆出天下人一头，这使得他的弟子们既敬佩又自豪，庆幸有这么一位最好的老师。可是，老师的学问又是从哪来的？总不能是娘肚子里带来的吧？老师一定也有老师，而且肯定是位德高望重的名家祖师。

几个人讨论一番，实在找不出个头绪，于是只好来向孔子请教。而孔子在问明来意之后，只是不在意地说："我的老师呀，那可多了，怕是连我自己也数不清呢。"

弟子们你看看我，我看看你，忙问孔子："老师，既然很多，何不为我们指明一二呢？"

孔子说："比如说吧，只要有三个人在一起走路，其中就一定有人可做我的老师。人啊，不一定十全十美，但他总有某一方面是突出的，只要人家某一点比我强，我就甘愿向人家学习。"

弟子们这才明白了老师的老师是谁，而且更重要的是学到了一种最可靠的求知手段。

宽以待人

互地是一个交通不畅、信息闭塞的地方,那里的人们也因此而显得僵化而固执,一般的人与他们对话很是费力。可是,也不知是受了谁的影响,还是因为孔子的名气大得连互地的人们也开始仰慕了,总之,有这么一天,有一个来自互地的小青年不请自到,找到孔子的住地,要求拜访孔子。

孔子的弟子们问明他是互人,便将其挡住,找种种理由不让这个青年进去。那青年果然固执,无论你诡计千条,他就是主意一条,非见不可,于是言来语去,双方竟至争执起来。

孔子正在书房备课,听到大门外一片混闹,不由走了出来,他一问明情况,便主动请那青年进屋面谈。

望着老师和互人双双入门,几个弟子颇为不解:哼,先生还说"朽木不可雕"也,对自己的弟子都这样,对这粗鄙不懂礼节的互人倒"雕"起来了,跟这样的人有什么可谈的。

再说孔子,见那青年书虽然读的不多,求知欲却极强,这一谈竟有一个多时辰。等青年要走时,孔子又把他亲自送出门。直到那青年走远了,孔子才返回身来,看着满脸不乐意的弟子们说:"我知道你们想什么。这互人是有点不开窍,可是他想学习这总是值得鼓励的一面吧。我们是从事教育的人,我历来主张有教无类,何况人家是慕名而来。我们不应当剥夺人家开化、受教育的机会,即便他语言粗俗,那也不是不可以改正的。你们看,这互人临走时不是挺客气也挺文雅的吗?记住,我们做学问的人只能宽以待人而严于律己啊。"

弟子们听了孔子这番感人至深的道理,对老师的怨气也就没有了。

不信鬼神

孔子虽处在一个文化尚不发达、科学尚未开发,好多人迷神信鬼的年代,但孔子本人却从来没有迷信鬼神,他第一重视的是人本身。这虽然不能解释为唯物主义,但至少是一种求实的理性。

有一次,孔子不慎染病,数日卧床,不见好转。这情况被忠心的弟子子路看在眼里,急在心里,只是一时也想不起什么好的办法。

一日,子路外出,忽见有巫师作法,为人"治病",兴之所至,竟联想到既然巫师有此神通,何不请来为老师看病呢?于是,他急忙返回,兴冲冲地来到孔子身边说:"老师,这下您的病不用发愁了,我有办法了。"

孔子以为子路遇到什么名医或寻访到什么妙方,问:"是吗?找到医生了?"

子路答非所问:"找到了,是一位很威风的大师。"

医师还要威风?孔子不解:"仲由,你说说看,怎么个威风样子?"

子路于是极其认真地模仿巫师作法、装神弄鬼的样子，口中还不住念念有词。

孔子一看就明白了，不由哈哈大笑起来，笑罢才说："仲由，你比那巫师还要高明十倍，这不，你的鬼神刚一动作，我的病就好了一半。"

不耻下问

孔子一生，弟子甚多，得意者也不下数十人。但孔子死后，真正可以称得上孔子传人的却只有曾参一个。

曾参，字子舆，春秋时鲁国人，因其在学术成就和教育实践上功德甚高，所以被人尊称为曾子。

孔子作古多年后，曾子已经像他的老师一样，苦学多年，广有弟子。这一天，曾子正在与弟子们讨论什么问题，有弟子突然问："老师，人们都说颜回了不起，您是他的同窗，能不能给我们讲一下他的情况呢？"

曾子满怀深情地回忆道："是啊，颜回兄是我们那批同学中的佼佼者。他可以说是满腹经纶，但看上去却很是一般，没有什么特殊的。他从不恃才傲物，对谁都那么谦和礼让。"

"听说颜回师伯道德修养极高啊。"有弟子说。

曾子点头称是，继续追忆道："颜回兄可谓中庸典范，君子大成，从不与人计较，即便别人冒犯了他，他也只是一笑置之。"

弟子们鸦雀无声，曾子接着又说："当然，这还不是颜回兄的全部,他最令我辈自愧不如的是尽管他已经有了超人的学识,但仍能虚心向本来不如他的人请教。他的胸怀可谓博大。也正因为这样,就连你们的祖师孔子也称赞他是我们那批人的典范啊!"

士不可以不弘毅

曾子教学，在主体和绝大多数方面确实是师承孔子，但在弘扬孔学的同时，他自己也有许多独到的见解，这大约也正是曾子之所以能够成为孔子传人的原因。

我们知道，仁者爱人，有教无类，达则兼济天下，穷则独善其身，这些都是孔子的思想。而曾参却在进行仁德教育的同时特别强调个人的人生理想和坚定的意志。有一次，一个弟子问曾子："您为什么总强调我们要有坚定的意志呢？听说祖师并没有这样强调啊！"

曾子对这个问题是这样回答的："读书人当然不能没有坚强的意志、恢宏的心胸啊！试想一下，一个懦弱的人，一个遇到困难就中途退缩的人，一个鸡肠小肚、与人不可共事的人，他又怎么可以完成仁者普济天下的重任呢？"

弟子似乎明白了老师的意思，说道："我明白了，老师之所以要我们刚强而有毅力，原来和祖师的倡导是密不可分的。"

曾子看到弟子已经领悟了精神实质，高兴地笑了。

――《论语》经典故事――

临危不惧

孔子一行在卫国时间长了,恰又赶上卫国内乱,孔子于是决定离开卫国到陈国去。

这一天,师徒众人的大队车马来到匡城。给孔子当驭手的弟子颜刻用鞭子指着城墙上的豁口说:"老师您看那个口子,上次我随阳货他们攻打匡城,就是从这个口子上进去的。"其实,颜刻说的这已是三年前的事了,那时,他还远远不是孔子的弟子呢。

恰巧颜刻的话让匡城当地的老百姓听到了,加上孔子相貌与阳货极其相似,百姓们便以为孔子就是阳货,而阳货的那次进攻是给匡城造成了重大损失的。于是,百姓一拥而上,把假阳货给关了起来。

尽管孔子多方解释,无奈匡人并不领情,弟子们一时六神无主,唯独孔子反倒无事一般,从容不迫,谈笑风生。弟子们不理解孔子何以如此达观。孔子笑着答道:"周文王早已不在人世了。我以传扬周礼王道为己任,现在,他所创立的学术思想全在这儿了。"说着,他用手指了指自己的头。

有弟子还不明白孔子的意思,孔子说:"传扬王道是上天的使命啊！既然天降大任于我，匡人又能把我怎么样呢？天命不可违啊！"

听到孔子这番宏论，弟子们也都振作起来，有的席地而坐，捧读圣贤之书，有的倚壁而立，修炼养气之功，全然没事人一般。这一来，倒真把看管他们的匡人给唬住了，不知孔子师徒葫芦里卖的什么药。急忙派人去卫国都城打听消息。不日之内，派去的人连同卫国君王的使者一块来了，不仅没有为难孔子，反而设宴款待一番。孔子等人终于摆脱困境，重上旅途。

仰之弥高

我们知道,颜回是孔子最得意的弟子。对孔子的整个思想体系,他可以说领会最深、学得最透彻。那么,颜回评价孔子的学术境界与自己的所学深度时又是怎样说的呢?

有一天,颜回独处一室,捧读孔子新近的授课提纲,由于精神过分集中,以至于有同学进来都毫无觉察,恰巧这个人又是与他最要好的子路,而子路此人是以随便而豁达出名的,所以他一看颜回如此专注,便想开个玩笑,故意学着孔子的声音说:"回啊,你又在学什么呢?"

说也怪,这假"孔子"轻轻一声,一下就让颜回回过神来,连忙向子路表示歉意,子路也不客气,坐下就问:"老兄,看你这失魂的样子,可是在思考什么大事?"

颜回道:"说大不大,说小也真不小,我刚才看先生的提纲,先生的学问可谓博大精深,我们越学才越觉出他的高大与自己的渺小啊!"

子路道:"唉,你老兄这个人呀,别的都好,就这一点,谦虚得过分了,要不是我了解你,旁人还道你是虚伪呢。老师之道自然是高,可你老兄也算是学有所成的二圣人了,怎么能说出这样的话来?"

颜回摆摆手说:"老兄啊,这你可说错了,实话说吧,对于先生的理论,我真的时常感到困惑,真理这玩意儿,有时你似乎看它在前面,而你走过去一看,却又仿佛它在你后面。"

子路道:"既然如此捉摸不定,那我们学它还有什么意思呢?"

颜回拍拍子路的肩膀,感慨道:"所以才说先生伟大啊。如此艰深的理论,但只要你好好听咱们先生的教导,那就一切都迎刃而解了。正是如此,我才每每感到老师的理论有如高山,而我们尽管努力攀登,却总是仰视其雄立于前,攀顶似乎举步维艰。"

子路这时又是另一番感慨,不仅叹服先生的圣明,也叹服颜回的精神了。

仁者爱人

孔子回到鲁国后，曾当了一阵子大官。这一时期，他的家业很迅速地有了一些规模，不仅有了算得上豪华的府第，而且有了一批佣人。但人多有人多的麻烦，人多杂乱，不知怎么搞的，有一天，孔府的马厩居然失火了。

等孔子下朝回来，还没有到家门，就见门口围着一群一群的人，好多人提桶拿盆，一看就是灭火用的。孔子心中一惊：糟糕，准是有人不慎，引得家中失火。于是他跳下马来，大步流星冲进院内。

再说那满院子的人，大火刚刚扑灭，原本大家都在吵吵嚷嚷的，一看孔子回来，反倒平静下来，谁也不吱声了。不过，大家的心里都一样紧张：惹这么大乱子，不知谁该倒霉了。万没料到，孔子直奔烧焦的马厩，并没问失火情节，而是焦急地问："失这么大的火，烧着人了没有？马夫呢？马夫没烧着吧？"看见马夫浑身泥水，不好意思地站到跟前，孔子又说："你们看，还不赶紧给他换身衣服！小伙子，你辛苦了。"

众人万分感动，但也有人悄声问孔子："您怎么就不查查是谁干的,不问一下家中损失几何呢?"

孔子坦然答道:"失火而没有烧着人,这已经是万幸了。我难道还能企求别的吗?至于损失,仁慈者是看重人呢,还是看重没有生命的财物?说到失火责任,我相信无论谁都是无意的,他现在心中已是悔恨万分了,我又怎么能再去责备他呢?"

――《论语》经典故事――

痛葬黑发

在孔子看来,颜回不仅是他最得意的弟子,而且是他最理想的传人。然而,长期的贫困与过度的劳累终于摧垮了颜回。颜回不幸早逝,最可寄予期望的黑发人倒在了白发夫子孔丘面前,这对孔子是一种怎样的打击啊。

一段时间以来,孔子心情很不好,经常被噩梦所惊,老睡不好觉。这一天,他正在闭目养神,突然听见有人闯了进来,人还未到,声音已到:"老师,颜回,颜回……"

"颜回怎么了?"孔子心中一惊,一种不祥罩在心中。

"颜回兄他……他……他作古了。"

"啊!"孔子尽管已有精神准备,但仍然还是一声惊呼,几乎晕倒在地。过了好大一会儿,才缓过气来痛呼:"上天啊!这是要我的命啊!这是要我的命啊!"呼毕,不禁失声痛哭。那神情,真比孔子的亲儿子孔鲤去世都更令孔子伤心,直哭得弟子们也都不知所措。

一位搀扶孔子的弟子劝慰:"老师,您别太伤心了,还要多多保重身体，传授王道离不开您呀。"

孔子边哭边说："唉，我怎能不伤心呢？如果我不为颜回而伤心，又为谁伤心呢？"

几天以后，弟子们商议如何厚葬颜回，有人认为，颜回是孔子的得意门生，厚葬的安排一定会得到老师的赞成。然而，谁知孔子知道这消息后不仅不赞成，反而捎话给弟子们："颜回只是一介书生，布衣草民，决不可以用违背周礼的仪式厚葬，尽管你们用心良苦，但那可是陷一身清白的颜回于不义呀！"

当然，在这件事情上，弟子们并没有完全按照孔子的话去做，他们还是以极其隆重的仪式厚葬了颜回。在葬礼上，孔子不顾众人劝阻，坚持赶到墓前，无比动情地说道："回呀，你把我当父亲看待，我却不能把你当儿子看待。你的师兄弟们坚持厚葬你这件事，你就在九泉之下原谅他们的违礼之举吧！"

颜回的死，也促使孔子不得不考虑有必要为自己和弟子们营造一个较好的学习和生活氛围，在经济上也必须摆脱贫困了。

——《论语》经典故事——

子路弹琴

孔子晚年很喜欢和子贡、子路、冉有、闵子骞等几个最得意的弟子在一起谈经说道。而对这几个弟子,他又各有评价。

对闵子骞,孔子的评价是忠诚笃实,尤其以孝道标示天下,可谓至孝。

对于子贡,孔子一再向人推荐他的能言善辩,妙语连珠,堪称外交好手,是为至礼。

对于冉有,孔子则认为他精于理财,善于理政,对事业兢兢业业,是为至能。

而子路,平时总是威风凛凛地站在孔子身旁,讲起话来口随心想,没遮没拦,是为至刚。但也就是这种"刚"劲,孔子总觉着是一种隐患,故而常对子路说:"子路啊,刚者易折,你可当心啊。"

有一日,孔子正在散步,忽听一阵琴声传来,便不由得凝神静听起来。只听那琴声节奏铿锵,急促有力,凭空里卷起一种铁马金戈的强劲旋风,使人从中可以嗅出砰然有声的征战杀伐。孔子知道,这一定是子路在弹琴,不由叹道:"仲由怎么能把这种杀伐之音带进我的院子呢？"

孔子这话被几十个弟子听到了，便把孔子对子路的那句批评传给其他同学，一来二去，有人便议论子路已被老师瞧不起了。

世上没有不透风的墙，这不大不小的风波由从何来，孔子很快就知道了，他不由得自责起来，毕竟，他还是挺喜欢子路的。于是，在一次公开场合，孔子乘机对着众弟子当面评价子路："仲由这个人啊，就他的学问来说，已经是很不错了，当然也有缺陷，但这就好比他已经登上了正大光明的大堂，只是还没有进入雅室啊。"

先生对子路居然有如此之高的评价，听了这话的弟子们从此再也不敢背后议论子路了。

因人而异

孔子一向提倡"因材施教",而且在实践中身体力行。有一次,子路请教:"老师,假如我现在听到某种合乎道义的事情就去做,可以吗?"

孔子严肃地说:"你有父亲和兄长健在,遇事应当先征询一下他们的意见啊,怎么能自作主张马上就干呢?"

过一会儿,冉求也来求教同一个问题:"老师,假如我现在听到一件合乎于道德的事,可以马上就干吗?"

孔子立刻回答:"冉求,只要是合乎于道义的事,你就应当立刻去干呀,这有什么可犹豫的呢?"

恰巧孔子的另一个弟子公西华也在场,他见孔子对同一问题做出两种截然不同的回答,很是不解。于是,冉求一走,公西华就问孔子:"老师,子路和冉求二位学长提的是同样的问题,您为什么有两种不同的答案呢?"

孔子微微一笑,对公西华说:"子路一贯争强好胜,胆大过人却谋略不足,遇事冲动而不计后果,所以我要让他和别人多商量,慎重一些行事;而冉求慎于思考,遇事优柔寡断,缺乏果决的个性和进取精神,对他自然要鼓励其敢作敢为,果决行事了。"

误人子弟

子路在孔子的推荐下做了季氏的家臣之后,干得很是起劲,不仅如此,他还热心提携同门师兄弟。有一次,费邑缺少行政长官,子路就利用职权向季氏推荐师弟子羔去补缺。子羔也很想去上任,于是去向孔子辞行。不料孔子对此却很是不满,立即派人去找子路。

子路兴冲冲地赶来,满以为先生会称赞自己的作法,却不料孔子一见他就拉下脸来说:"仲由,你怎么能派子羔这样年轻的师弟去从政呢?你这是把他引入歧途,误人子弟啊!"

子路很不理解,先生不是一向主张仁者要积极入世吗?于是脱口而说:"老师,这是怎么说呢?我让子羔去从政,这只会对他的前途有利,怎么会误人呢?"

孔子解释道:"子路啊,子羔还太年轻,连学业都没完成,你让他去做官,这是半途而废,况且他也不具备从政的知识条件嘛。"

子路辩解道:"老师不是说三人行必有吾师吗?费地也有许多百姓,还有社坛宗庙,可以边干边学嘛,为什么非学够了才从政呢?"

孔子生气了,觉得子路和自己讲的根本不在一个层次,只得指责子路:"仲由呀,你这是强辩,我就讨厌你这样强词夺理的人。"说完,掉头就走,只扔下子路独自反省。

人各有志

孔子晚年，很喜欢有人在身边陪着。弟子们也就投其所好，时常结伴而来，陪着先生谈天说地。

有一天，子路、曾晳、冉求、公西华四人来到孔子身边。孔子看着这些年轻活泼、才华出众的弟子，很是高兴，一阵寒暄之后，孔子首先说道："我的岁数实在不小了，现在看来，大概不会有人重用我了，而你们几个正在年富力强之时，个个又是满腹经纶，应该说是前途远大。过去，你们总是感到没人了解你们。现在，我要问你们，如果有人理解了你们的心情和志向，那你们准备如何施展一番呢？"

子路总是喜欢抢先说话，这一次又不肯落后，孔子话音刚落，他就急匆匆轻率地站起来说："假如有一个千辆兵车的国家，又夹在大国之间受气，国内又闹饥荒。在这种情况下，如果要我去治理，只需三年时间，我就可以把老百姓训练得人人骁勇善战，而且懂得道义，这个国家也就外不惧强、内不惧乱了。"

孔子看看颇为得意的子路，摇了摇头，又把目光转向冉求："现在，你说一下吧。"

冉求沉思半晌，方才轻轻说道："我只希望能让我去治理一个方圆六七十里或五六十里的小国，我想有三年时间，我可以把它治理得丰衣足食、国泰民安，但礼乐教仪却需有德性的君子来完成，我是难以胜任的。"说完，朝同学们欠欠身子，这才复又坐下。

孔子对冉求较为满意地点点头，又对公西华说："你呢，你有什么志向？"

公西华站起来，向大家恭谦地点点头，这才说："我觉得我自己并没有什么本领，但我愿意学习，我想从事宗庙里的工作，比如说诸侯盟会，我戴上礼帽、穿上礼服，作为国君的助手从事外交工作，这我想是很不错的。"

孔子对公西华的回答也表示赞同，最后对曾皙说："曾点，你也谈谈吧，你又有什么想法？"

曾皙本来一直是一边听大家谈论，一边鼓瑟，听先生点名到自己，这才放下瑟，站起来回答："我的志向可和三位师兄不同，不知该说不该说。"

孔子道："畅所欲言，尽管说嘛。"

曾皙以诗般的语言说道："我想，暮春时节，穿上刚制好的新衣，邀请几个要好的朋友，到沂水河去游泳、洗澡，然后再到林间沐浴春风，唱着歌儿一路回家，这是多么令人神往的日子啊！"

这充满诗情画意的意境，把孔子也陶醉了，他止不住长叹一声："好啊，曾点的想法多么好啊！"

谈论完毕，三位学长先后离去。仅留曾皙和孔子在屋里时，曾皙又问孔子："老师，您觉得方才三位师兄讲得如何？"

孔子说："不过各人随意说说志向罢了。"

曾皙又问："那您为何要笑子路呢？"

孔子回答："子路一心理政，但从政首先应有谦让态度，仲由轻率出言，语句中又毫无谦逊之意，所以我笑他，是让他反省。"

曾皙再问："冉求兄说的地方那么小，算得上国家吗？"

孔子回答："小是小点，麻雀虽小，五脏俱全，方圆五六十里也是国家啊。"

曾皙又道："那公西华谈的是否也是治理国家呢？"

孔子耐心解释道："宗庙之事，诸侯盟会都是国家大事，如果以为外交公务也是小事，那还有什么是大事呢？"

曾皙疑虑顿消，唱着歌儿离开了。

克己复礼

"克己复礼"是孔子仁学思想的核心,也是常被人抓住辫子批判孔子的所谓"要害"。然而,孔子的"克己复礼"到底是怎么一回事呢?

这是一个夕阳西下的傍晚,弟子们大部分走了,只留下勤学不倦的颜回还在教室苦思冥想。孔子走过去,怜爱地问道:"回啊,你还在想什么问题呢?"

颜回不好意思地说:"老师,您总教导我们在仁学上多下功夫,可我至今还未搞清楚,究竟什么是仁?"

孔子很高兴弟子提出如此深刻的问题,略做思考后答道:"简言之,克己复礼为仁。就是每个人都要克制自己,使自己的言语行动都合乎于周礼所规定的礼仪,这便是仁了。"

颜回又问:"仁的目标如此具体,可实现起来一定很难吧。"

孔子耐心回答:"说难也不难,仁德的境界非常高尚,但攀登起来也有登峰之日,一旦能够做到克己复礼,天下之人就会称你为仁者了。

"这种攀登当然是不能借助外力的,只有依靠自我的努力，依靠勤奋的意志和刻苦的学习。"

颜回请教仁德的具体条目，孔子答道："首先是不合乎礼的不看，其次是不合乎礼的不听，再次是不合乎礼的不说，最后是不合乎礼的事情绝不去干。这四条，可谓全面了。"孔子说完，把充满希望的目光投向颜回。

颜回颇受感动，严肃地点点头说："我虽然不够聪明，但这四条却一定可以努力做到。"

四海之内皆兄弟也

司马牛是孔子后期的弟子之一,子夏是与他同期略早的同学。二人相交甚厚,但生性各异,司马牛忠厚敦实,讷于言而勤于学,子夏聪慧超绝,言辞敏锐。

一段时期以来,司马牛精神老是打不起来,甚至连吃饭也没精打采,食量骤减。这情况被细心的子夏发现了,便在一日饭后叫出司马牛院外谈心。

司马牛犹豫半晌,方向子夏说:"我的兄长桓魋是个作恶多端、声名狼藉的歹徒,近来又干了不少坏事,不仅给社会造成了破坏,而且给家人带来很大的精神负担。你说,作为这样一个歹徒的弟弟,我还有何颜面与先生和同学相聚呢?"

子夏对司马牛深表同情,开导他道:"我听人说,死生由命,富贵在天,这一切都是上天安排好的,那个坏哥哥是命中注定的,而冥冥之中的东西,我们凡夫俗子是无法抗拒的。你兄长的作恶与你本人没有任何关系,你又何必为他背包袱呢?"

司马牛沉思半晌,还是流露出一种深深的颓丧:"唉!有时我真感到有一种刻骨铭心的孤独与失落呀。"

子夏却不以为然："牛兄啊,老师不是教导我们说,有道德的人处事谨慎而无过失,待人接物恭谦而有礼貌,能做到这一点,天下之大,到处都会有你的朋友的。这叫作:君子无忧无虑,又不患得患失,四海之内,皆兄弟也。你失去一个兄长,却可以用仁德之心换来更多的兄弟啊!"

取信于民

子贡是孔子颇为得意的弟子之一,而且一向有志于从政。一次,子贡就治国方略大政求教于孔子。

子贡说:"老师,军国大政,日理万机,在诸多事务中有没有最重要的呢?"

孔子极其认真地回答:"有啊,当然有啊,首先要注意三件大事。第一件,一定要储备充足的粮食;第二件,一定要拥有强大而精良的军用武备;第三件,从政者一定要讲究信誉,取得老百姓的信任。"

子贡赶忙记下这三点,又问:"如果三点中迫不得已必须舍弃一项的话,该舍弃哪一项呢?"

孔子果决而言:"舍弃武备啊!"

子贡又问:"那么假如在粮食储备和取信于民二者之间又只能保留一项的话,该做何种抉择呢?"

孔子答道:"如果真是那样,宁可不要粮食也不能失信于民啊。当然,没有粮食储备,一遇饥荒会饿死人的,但自古以来人总免不了一死,而国家要存在,就不能失去老百姓的信任。"

子贡认真领会了老师的教诲,高兴地离开了。

民富国富

鲁哀公执政时期，有一段时间由于王室发生内乱，加上连年天旱，收成不好，国内经济长期不振。为了渡过危机，哀公派人去请孔子弟子中据说最有理财能力的有若来做顾问，看他有什么好办法没有。

有若到来后，哀公也等不及寒暄便照直问道："今年农业收成不好，本来就不丰裕的国家经济更显困窘，我请你来是想请教一种帮我解决这种困境的好办法啊。"

有若也不客气，略做思考便回答："既然全国歉收，为什么不实行十分抽一分的税制呢？"

哀公叹道："先生，慢不说十分抽一，我已经采用十分抽二的税制还感到入不敷出呢，十分抽一这法子还用请你有若先生吗？"

有若并不因哀公的不理解而退缩，而是耐心劝道："君侯既然请我来，我就要想尽一切办法帮您的。现在我们首先应该考虑的是，任何经济政策的制定，都是基于国家的长治久安这一原则。作为君主，决不能只顾眼前，不管长远，决不能像小人一样鼠目寸光。"

哀公点头称是，有若便接着说道："既然今年普遍歉收，民间生活之苦便可想而知，在这样的年份，决不应增加人民的负担，而只应减少他们的负担，这样就可以在一定程度上保存和增加民间财力，人民便会安居乐业。如果课以重税，则民不聊生，很容易激成民变，那样就会适得其反了。要知道，只有人民富足，国家才能富足啊。"

哀公听了有若的话，果然一年以后政通人和，鲁国形势好转。

君臣父子

孔子周游列国期间，曾在齐国住过很长时间，在这段时间里，为了能有一个较为宽松的环境和足够的经济保证，孔子曾应人之邀，做了齐国重臣高昭子的高参。

恰在此时，齐景公当政，景公此人虽聪慧，但独好女色而不喜理政。很长一段时间没有册立太子，朝中大事则全由大夫陈恒独断。

对于这种情况，高昭子敢怒不敢言，于是便以引荐名士的方式向齐景公推荐孔子，请孔子向景公进上一言。

这一日，在高昭子的引荐下，孔子早早来到后宫。齐景公也早知孔子乃一代学者，举世名流，所以相见之下倒也热情，言谈间请孔子谈谈治国理政的高见。

孔子也不谦让，开门见山便说："治理国家要以人伦纲常为根本。具体来说就是做君主的要有君主的样子，为人臣的要像人臣的样子，当父亲的要有父亲的形象，做儿子的应守儿子的规矩。各尽其责，不可违礼。"

齐景公本是聪明之人，虽说近来多有昏庸之举，但孔子的话还是让他感到句句切中时弊，此四条，果然是树立国家政治新形象的要害，心中不禁赞叹孔子确非俗子，于是接住孔子的话说："先生说得好呀！如果君不像君，臣不像臣，父不像父，子不像子，那么国家将怎样维持呢？纵然是粮食满仓，我这做君主的也吃不到啊！"

孔子这一番宏论，后来被历代封建统治者誉为君臣父子的"纲常"，在当时，齐景公则因此而很想重用孔子，但由于种种原因，没有实现。这也可以说是一个遗憾。

闻达之别

子张是孔子后期的弟子之一,也是一个很有才华、很有抱负的青年。有一次,他就读书之后的出路问题请教孔子:"老师,读书人怎样才可以做到'达'呢?"

孔子不是像往常一样直接回答问题,而是认真地看了子张一眼,反问道:"以你而论,这'达'是什么意思?"

子张很自负地说:"我看呀,所谓达就是指人们在国家大臣的位置上或者在士大夫的家中做家臣时取得工作和事业上的名望。"

孔子摇头微笑着纠正子张:"你所说的这些只能叫闻,还算不上达呀。"

看见子张和众人不解,孔子又说:"什么叫达呢?所谓达,是指具有正直而主持正义的品质,能够分析他人言论和观察他人神色,做事能恭谦待人而不贪图便宜。这种人不仅在国家重臣的位置或大夫家臣的工作上办事能够成功,而且也会受人尊重。这才叫'达'"。

子张又问:"那么'闻'的含义又是什么呢?"

孔子回答:"闻哪,是指表面上好像喜欢仁德而行动上又违反仁德。这种人往往还以仁者自居而毫无羞愧之感,他们是在欺世盗名啊。"

樊迟问仁

樊迟好学，但理解问题总慢一拍，然而，笨鸟先飞的精神总能使他弥补自己的不足。

这一天，早饭刚过，樊迟就来到孔子书房，请教先生两个问题。

樊迟先问："仁的概念究竟是什么？"

孔子回答："仁者爱人，仁就是爱护别人的意思呀。"

樊迟又问："智的概念是什么？"

孔子回答："智就是能够理解别人、认识别人啊。"

对于这个解释，樊迟感到有些困惑了。他既不点头，也不摇头，只是木讷地直直地看着孔子。孔子当然明白樊迟的意思，于是进一步解释道："智者不仅能够选拔正直的人，废弃邪恶之徒，久而久之，还会使不正直的人也变得正直起来。"

樊迟点了点头，轻轻退了出去。但实在说，他到底还是没有弄清其中道理。于是一边走，一边口中念念有词。恰巧天生聪慧的同学子夏看见了，便叫住樊迟，问他何以这般丢魂似的思考什么问题。

——《论语》经典故事——

樊迟似从梦中醒来,把孔子刚才的话重复一遍,末了说:"这道理我怎么也搞不清楚,你能不能再帮我开开窍呢?"

子夏略一思考,感叹道:"老兄呀,先生的话真是太深刻了。我给你举个例子吧,舜得天下,在芸芸众生中发现并提拔了皋陶,因为皋陶正直无私,于是那些不仁不义的邪恶之徒就纷纷远去了。留下的也不得不谨慎起来。同样,汤得天下,又选拔了正直的伊尹,那些小人也就规矩多了。舜和汤二位圣贤就是智者啊!"

子夏一番深入浅出的论证,使樊迟顿开茅塞。

名正言顺

孔子师徒滞留卫国期间，恰巧赶上卫国宫廷出了大事，卫灵公死了，他的儿子避难在外，于是孙子即位，这便是卫出公。卫出公受灵公影响，平日便仰慕孔子，于是他一即位，好多人都预测孔子将受到重用，就连子路也迫不及待地问老师："看来，卫国君主肯定要请您帮他理政了。如果您真的上任，那么您首先要做的是什么呢？"

孔子说："如果真要我干的话，那首先得正名分呀。我们知道，卫出公的父亲还在，做儿子的就先继了位，这是与周礼不合的。"

子路连连摇头，也就他敢对先生直言不讳："老师呀，这您就太迂腐了。有什么正名分的必要呢？卫出公既已继位，这便是铁定事实，莫非您能让他退位不成？"

孔子对子路这番话极为反感，拉长了脸训斥道："仲由，你也太粗鲁了吧。对于你所不理解的道理，应当保留在心中，不要胡乱发表意见好不好？现在的问题是，一个人名分不正，他说话就没有权威性；没有权威的人，就没有人顺从他；没有人顺从他，那就什么事也办不成，又何谈我们的志向——复兴礼乐制度呢？而接下来的问题就是，礼乐制度不能复兴，典章刑罚就不会得当；而典章刑罚不得当，老百姓也就无所适从。"

孔子一番宏论，环环相扣，推理严密，子路听得心服口服，点头不断。最后，孔子又说："子路，君子的名分一定要有个道理呀，这样讲话才有权威，当然，君子是不能随便讲话的。"

孔子的话，使子路更进一步了解了老师，也使他彻底意识到，孔子师徒在卫国是不会得到重用了。

一言兴邦

还是孔子在鲁国的时候。有一天,鲁定公邀孔子相谈,定公问:"先生,有人说一句话就能使国家兴盛起来,有这样的事吗?"

孔子端坐侧席,认真地回答:"这个嘛,我想不应该希望一句话就起这么大的作用啊。"

定公本来是抱着什么人可以一言兴邦的希望的,听孔子一说此种捷径不存在,不禁有些失望。孔子看出了鲁定公的心理,进一步解释道:"当然,人们都说,当国君难,做臣属也不容易,如果君主知道做君主的艰难,凡事以大局为重,尽心尽力,谨慎处理军国大政,那么他讲的话不就近乎一句话可以使国家兴盛了吗?"

定公点点头,又问道:"一句话就能导致亡国,有这样的事情吗?"

孔子回答:"这个道理与刚才'一言兴邦'的道理一样,我们不应当指望它有那么大的威力。"

看定公静听下文的样子,孔子接着说:"当然,事情总有它的复杂性,举个例子吧。我听说有一位国君对人讲,我做君主的唯一快乐就是没有人敢违抗我的话。

那么试想:假如这位君主说的话是正确的,没人违抗倒不失为一件好事;假如他的话荒谬而无人敢于违抗,那么,这样的一句话不是就可以亡国吗?"

鲁定公没有再问问题,却也没有感谢孔子的一番论述。

士分三等

孔子与子贡在一起的时候总是心情愉快的。有一次,子贡在陪伴老师郊外散步时突然问道:"老师,您认为读书人称士也有什么等级吗?"

孔子很高兴地答道:"有啊,怎么能没有呢?依我看,起码应分为三个等级。"

子贡兴致也很浓:"依您说,第一等级是哪些人呢?"

孔子答道:"这不是以具体人划分的。第一等嘛,应该是德才兼备的。以德而论,有自我完善的品格;以才而论,即使奉命出使外国,也不会辜负国君的委托。"

子贡又问:"那第二个等级应是什么样的人呢?"

孔子道:"这第二等嘛,应是有德性但欠缺才华的读书人。比方说,他们在宗族之间被誉为孝顺父母的典范,在家乡则称为尊敬兄长的君子,只是委以重任则难以圆满完成。"

子贡又问:"除此之外的读书人都是第三等人吧。"

孔子正色道:"那也不是。第三等的人则应是诺守信用,办事果断,不问是非曲直,只求贯彻自我言行的读书人,这些人是没有什么志向的,但总算不辱斯文。"

子贡最后问:"老师,依您看,现在官场上的这些读书人算几等之士呢?"

孔子不屑地往河边吐口唾液道:"嘿,那些人就算不上什么士了,他们只不过是一些器量狭小的小人,何足挂齿。"

赏罚分明

孔子一生极其注意修身养性,并能不断从古人和同时代的名人身上进行自我比照,所以他对这些人物的评价一般都是掷地有声的。

有一天,孔子又和弟子们在一起谈论历史人物。一位弟子说:"我听说郑国的重臣子产死后,百姓们十分哀痛,哭声震天,三月不闻瑟竽之声。老师,您说子产这个人真的这么伟大,值得人们纪念吗?"

孔子对这事也早有耳闻,脸上堆满了庄重说:"是啊,子产确实是了不起的。他为他的国家做出的贡献是别人不能比的,尤其是他的政策给郑国百姓带来了实惠,所以老百姓怀念他。"

过了一会儿,一个学生突然提出楚国的子西,他认为,身为宰相的子西当政多年,也是显赫之人,对他应该怎么评价呢?

孔子沉吟片刻,欲言又止,最后只是淡淡地说:"子西这个人呀,嘿,咱们还是不说他吧。"而实际上,孔子对子西是很想说几句的,因为就在子西当朝的年代,楚昭王曾几次想召孔子以重用,但生怕有人盖过自己的子西总是寻找借口，阻挠昭王，致使孔子又一次与机遇擦肩而过。不仅如此，子西本人的政绩也实在没什么可恭维的。孔子完全可以把这个人挖苦一番，但碍于他和自己的这段过节，总以不言为妙。

又隔了一会儿，一位弟子打破难堪的沉寂，说道："老师，齐国的管仲，这也是名人了吧，您如何评价他？"

说起曾经辅佐齐桓公而兴霸业的管仲，孔子又来了精神说："管仲可的确是个杰出的政治家啊！我只说一个例子，他曾根据政策没收了大夫伯氏的领地骈邑三百家，使伯氏一家由食不厌精而至只食粗粮，但即便是伯氏这样的人，到老对管仲都没有怨言。为什么呢？因为管仲办事公平，不徇私情，对谁都一样，人家服气他呀。至于他在政治上的其他作为，那就更不用说了。"

完美无缺

孔子经常教导弟子们要追求完美的人格。有一次，子路就这个问题请教孔子："老师，以您看，怎样的人才可以算得上具有完美人格呢？"

孔子说："一个完美的人，应该具备人所能具有的各种优点。比如，在聪明和智慧上要有早先的鲁国大夫臧武仲那样的超绝和出众，对事物善于辨明是非，对未来可以预测方向；其次呢，在物欲财富上要有鲁国大夫孟公绰那样的清廉，对名利地位视如流水；然后，还要具有鲁国的勇士卞庄那样的英武之气，敢作敢为；最后一点，就是要像你的同学冉求一样多才多艺，对文学艺术样样通晓，这样才能使自己精通礼乐，长于修养。"

子路听得把眼珠子都瞪大了，在他看来，如此完美无缺的人那简直是神仙了。孔子看出了子路的心理，略停片刻又解释说："仲由，刚才我说的只是一种理想境界中的完美，在生活中，真正完美无缺的人是不存在的。一般来说，我们只要能够做到见利思义，临危受命,长期贫困而不坠青云之志,这也就可以说是完美无缺了。"

这时,子路才打起精神,并向老师表示:"您看着吧,我将照着这个样子,去努力塑造自己的完美。"

管子之论

孔子仰慕古代伟人的业绩,尤其羡慕春秋时齐国政治家管仲的功绩。在对管仲这样高层次的政治人物进行评价上,孔子也自有他的一套。

有一次,在给弟子们讲授历史讲到管仲时,在叙述了管仲的生平后,子路首先站起来提出疑问:"老师,你刚才说过,管仲和召忽都是公子纠的部下,他们的主人公子纠在与齐桓公争夺君位的斗争中失败了,召忽为此而自杀以尽忠,而管仲却没有舍生取义,并且归顺了齐桓公,是这样的吗?"

孔子点头称是。子路接着说:"这就是说,管仲不但贪生怕死,而且认贼作父,这样的人能谈得上仁德吗?"

孔子摆摆手道:"仲由,看问题不能只看一时不看全部呀。齐桓公盟会诸侯、尊王攘夷、维护天下太平,离了管仲怎么能行呢?管仲的仁德,体现在他辅佐齐桓公成就的霸业之中了。"

子路无言,孔子的另一高徒子贡却不甘寂寞。子贡先是肯定管仲的业绩,接着说:"管仲功业是有,但不管怎么说,他背叛旧主,就是卖主求荣,不守操节,算不得仁德之士。"

孔子叫子贡坐下,然后说:"对于管仲,我们不能只看一时不看全部,也不能只看暂时不看久远。想一想吧,可以说,管仲帮助齐桓公匡正天下,我们时至今日仍在受着他的好处呢。假使没有管仲,我们可能至今都是披头散发,穿蛮族衣服,沉沦在蒙昧和落后之中。对于这样一位历史人物,我们难道能叫他谋小义而忘大义,遵守小节小信,在山沟中上吊自杀而不被人知道吗?"

弟子们一片感慨之声,既为管仲的业绩,也为先生的评价。

用人得当

我们知道，孔子周游列国，使他对当时各国的政治有了超乎一般人的透彻了解。所以，后来回到鲁国后，他便成了这方面的专家和顾问。

有一次，鲁国重臣季康子问孔子："我听说卫灵公这个人很是无道，不仅好女色，荒淫无度，而且不理政事，疏于治国，按说，像这样的昏君要是不亡国那才叫怪呢，可是奇怪，他的统治倒是非常牢固，请问先生，这是怎么回事呢？"

孔子曾在卫国滞留日久，并和卫灵公的夫人南子有过一段被人们议论日久的交往。不仅如此，就是和当时卫国的整个上层社会，和卫灵公本人，孔子都算得上广有交往。所以，谈起卫灵公，孔子可谓无所不知，见季康子提起这个问题，便禁不住想借题发挥，于是说道："大夫有所不知，要说灵公的荒淫，那确是亡国之君，但是，他也有他最大的优势啊。"

"请问先生，这昏君莫非还有绝招？"

"可以这么说。"孔子很认真地解释，"一般的昏君，往往重小人，嫉贤能，滥杀大臣。而卫灵公恰恰相反，自己不理国政，却能用人不疑，把一切军国大政交给几位贤能管理，而他选的这几个又恰恰可谓一时之人啊。"

季康子插话："很想知道这些人都是谁。"

孔子道："外交方面，灵公重用仲叔圉，此人能言善辩，颇善交游，工于心计，在列国之间可谓游刃有余。在内政方面，灵公重用祝鮀，此人精通理政方略，尤其会笼络民心，凡大小一切政务，一到他手，皆无难题。在军事武备方面，灵公又重用智勇双全的战将王孙贾，此人熟烂兵法、通晓谋略，治军有方。虽然卫非大国，却能于列国之中独树一帜，北结齐晋交好，南睦强楚相与。这些皆为几位贤臣之功。而有了这几个人，灵公再昏，卫国又怎么能灭亡呢？"

季康子连连点头，感叹不已。

正襟危坐

孔子立志"克己复礼",他不仅是说在口头上,也在生活中处处以"礼"要求自己。有一个突出的例子就是孔子和他青年时代的朋友原壤的交往。

据《礼记·檀弓》记载,原壤与孔子曾相与甚好,原壤家贫,其母逝后,是孔子帮他置备棺木才办了丧事。由此可见,二人交情绝非一般。后来孔子周游列国再度回到鲁国后,尽管当局对其十分重视,多选孔子所荐弟子为官理政,孔子本人在朝野上下也都极受尊敬,然而孔子却并不因此而忘记昔日的好友原壤。

要说原壤,年轻时也是一位思想极端、愤世嫉俗的名士,但由于久不得志,竟长期居乡野而不曾论道。对于这些,孔子所知并不像他对列国政治那样清楚,但总觉着原壤也是早过知天命之年的人,该行不逾矩了,不至于还像当初那样狂放吧。

孔子安步当车,也不要弟子随从,一个人悄悄来到原壤的家。这地方依然如故,但让孔子吃惊的是,当他走进原壤的家,一眼看见这位老朋友时,原壤竟不起立相迎,而是两腿撇开,大脚光着,哼着小曲算是迎接客人。

孔子不由心中火起，倒不是嫌其对自己不礼貌，而是这样子十足表现了原壤的玩世不恭。而这在孔子看来是无论如何太过分了点儿的。于是孔子也不客气，用手杖敲着原壤撇开的腿，鄙夷地说道："你这个人呀，年轻时候狂放不羁也就罢了，如今这么大年纪了还是如此不讲文明礼貌，你在年轻人面前还配做个长者吗？看我不敲你这条腿。"

面对一位普遍受人尊重的老友，原壤的自尊心终于找了回来，慢慢收回双腿，正襟危坐起来，就和周礼上规定的一样。

穷且益坚

春秋时期,五霸纷争,好多小国夹在夹板中间受气,又不得不分阶段地投靠于诸如晋、楚、吴、越之类的某一个大国。而这些小国的人民所遭受的兵乱也就尤甚一筹。孔子就曾在这些被夹的小国中受过一次兵乱之苦。

那是鲁哀公六年(前489年),孔子正在陈国滞留,突然吴楚纷争,而吴国拿来开刀的竟是陈国。吴兵强大,战车席卷而来,楚国的援军又远水不解近渴。为躲灾难,孔子师徒不得已紧急出逃。但由于走得急,粮食带得少,刚走了不到两天便告粮草断绝。而这时,四处都是逃难的人群,孔子派几个弟子出去采购食物,很快便一个个失望而归,他们只好就地挖野菜,权且充饥。

就在这么困难的环境下,弟子们不断有人因饥饿寒冷而生了病,孔子却不在乎,照样每天讲经说法,弹琴唱诗。子路却实在忍受不住了,冲着孔子就嚷嚷:"老师,难道君子也有这么困难的时候吗?我们可都是知书识礼的君子呀。现在的问题,我看不是要读书,而是要先吃饭呀。"

孔子并不对子路发脾气，而是心平气和地说："仲由，君子当然也有穷困潦倒的时候，比如今天。但君子在任何困难面前都不会退缩，相反，困难只能使他的意志更坚定。而小人却是一遇困难就不知所以，甚至胡作非为。你愿意当君子还是愿意当小人呀？"

子路挠挠头，不好意思地笑了。而就在此时，听说孔子师徒受难而紧急派兵援救的楚国大军到了。因为楚王一贯敬仰孔子，所以他们师徒也就再次地渡过了难关。

颛臾之伐

子路和冉求给季氏当家臣本来都是孔子推荐的。当初孔子的目的,是想通过二位得意门生去影响季氏,谁知季氏早已弄权成性,很少能够听进别人的话。这一年,季氏不知哪根神经搭错了位置,竟然准备派大军去攻打本来就是鲁国属国的弹丸之国颛臾。

这一天,孔子正在整理书籍,突然子路和冉求二人火急火燎地跑了进来。子路尚未喘口气就说:"老师,不好了,季氏准备攻打颛臾。"

孔子大吃一惊,颛臾虽小,却是周王分封的堂堂诸侯国,这且不说,多少年来,颛臾由于国力弱小又处在鲁国的四面包围之中,实际上已是国中之国,它的一切早已听命于鲁国,对于这样一个所谓的国家,鲁国有什么必要、有什么理由要攻打它呢?于是孔子当场批评二位弟子:"冉求、子路,这难道不应当批评你们吗?颛臾,那是周王分封祭祀东山的圣地,你们怎么能同意去攻打它呢?"

二位弟子大感委屈,冉求显出一副无奈的样子说:"唉,这事我们两人根本就不同意,可季氏要这么干,劝也劝不住。"

孔子摇头，对冉求教导道："求啊，你不要忘记，古代的史官周任说过一句话：'尽自己的一切力量去履行职责，能够做到才去就职，如不能胜任那就辞职。'身为家臣，眼见主人遇到危险而不去挽扶，那又要你这个助手干什么呢？想一想吧，假如老虎、犀牛从笼子里跑了出来，龟壳、美玉在匣子里毁坏了，这是谁的过错呢？是它们自己的过错吗？这是看守者的失职啊。"

冉求和子路平白挨先生一顿训斥，却又无言可辩，看到孔子气色稍平，冉求这才不得不说出真心话来："老师，对颛臾动武我当然是反对的，可是季氏也有季氏的道理。颛臾城墙坚固而又临近季氏的封地费邑，如果现在不把它彻底攻取下来，怕是要给子孙后代留下麻烦。待其坐大，就不可收拾了。"

"你这是强词夺理！"孔子一听冉求这番解释更是气得鼻子不是鼻子眼不是眼，禁不住把矛头又对准冉求，"求啊！君子就讨厌不说自己贪得无厌而要另找借口的人。据我所知，无论诸侯还是大夫，不必要担心财富多少，而是要着急财富的不均，不必担忧人多人少，而是要注意人民的不安。财富均而不觉贫，百姓和而不觉少，安定便没有危险。只要能做到这些，远方的人就会来投靠，如果仍有问题，那就再修仁义礼乐来召唤他们,没有不归服的。而现在你们可倒好,虽为季氏的得力助手,却不能使远方之人前来归顺,国家四分五裂而不能保持完整,反而还在自己国内发动战争,我看季氏的祸害不是颛臾而是在宫墙之内吧。"

冉求和子路不再言语,只好默默退下。

阳货送猪

我们已经说过,季氏是鲁国的权臣,但是有一段时期,季氏的命运又几乎为另一个人所掌握,这个人就是阳货。阳货虽为季氏家臣,却能在朝野之间翻云覆雨,颐指气使,着实风光了一阵子。

且说当阳货耀武扬威的时候,孔子正在集中精力传经论道,并无参政之心,当然,这并不是说孔子不愿入世,而是他看不惯季氏和阳货的僭越之为。然而,作为阳货却不这么看问题,他只想千方百计扩充势力,网罗人才,对孔子这样一位名流学者,更是欲求必得,但由于孔子总是生着法儿躲避阳货,所以二人总也无法当面一晤。

有一天,阳货心生一计,派人给孔子送去一只蒸熟的小猪,这样一来,一向讲究礼仪、崇尚礼尚往来的孔子再不来就有些说不过去了。

当送礼之人扛着小猪送到孔子家中时,孔子正在给弟子讲学。一看是阳货送的礼,孔子当然明白其中奥妙,有心拒收,又考虑阳货权倾一时,得罪不得,再一想,阳货机关算尽,我孔丘就不能也以机谋处断吗?于是，孔子一面收下小猪，一面暗中派出弟子潜入阳货家府探听他的行踪。

这一天，前去打听消息的弟子回报，阳货坐车出门，从者甚众，估计一时半晌不会回来。

孔子得信，立即备车，决计趁阳货不在时回访，一来全了礼仪，二来也可巧避阳货。

可是，孔子万没料到的是，也不知阳货是以反侦察手段探得他的底细呢，还是因为别的原因中途变卦，反正令孔子难堪的场面出现了。就在孔子快到阳货家的时候，在一条岔路口上，阳货的车队浩浩荡荡地出现了，近在咫尺面对面，阳货没等孔子反应过来便跳下马车，三步并作两步来到孔子车前，很礼貌地对孔子说："先生，今天可真是赶巧了，来来来，在下有话要对您说，今日恰逢其时。"

孔子不得不跳下车来，还以寒暄之礼，并说明此行来意。阳货一边感谢孔子造访，一边说道："阳货久仰先生才学，不才今日有个问题请教先生。先生以仁学为宗，可今日有人把满肚才学藏了起来，不以治国安天下为己任，置国家混乱、人民涂炭于不顾，只求清闲自在，请问，这种人算得上仁者吗？"

孔子心里清楚阳货所指，但表面上却硬是装糊涂，对阳货提出的问题只是回答："您说的这种人怎么能称作仁者呢?"

阳货笑笑,得理不饶人,进而又说:"还有的人,本来希望从事政治,参与理政,但实际行动中又屡屡放弃了可以从政的大好时机,这种人称得上智者吗?"

孔子抱定一个老主意,糊涂装到底,于是仍事不关己地回答:"这种人当然不是智者啊!"

阳货以诚挚的口气又对孔子说:"先生,既然如此,那就应该明白,岁月不饶人哪,时光一天天过去了,什么时候才能实现自己的理想呢?还是趁着年富力强,出来干一番事业吧。"说完,阳货长揖一礼,吩咐驭手驾车而去。

阳货的车队早已转过弯望不见了,孔子还待在路旁一动不动,只是禁不住自言自语:"唉!看样子,躲是躲不过了,那好吧,我真的应该准备入世了。"

孔子赴难

前面讲过,阳货做季氏家臣时权倾一时,虽为家臣却可操纵朝政,其中有个原因,这就是他与当时鲁国的另一实力派人物,同是季氏家臣,担任季氏封地费邑行政长官的公山弗扰早就串通一气,干什么事都遥相呼应。久而久之,公山弗扰和阳货二人便自大起来,觉着他们的主子季氏是其篡夺朝政的最大障碍。于是,二人相商一气,决定发动兵变,除掉季氏。

也许是由于阳货与孔子有过一面之交,事发之前,在阳货的策划下,公山弗扰决定邀请这位德高望重的学者参加他们的阵营并委以重任。

再说孔子,得知公山弗扰将要发动叛乱的消息,心中很是着急,正在这时,公山弗扰的使者到了。孔子先是仔细审读公山弗扰的邀请书,然后便决定亲自前往费邑。

为慎重起见,临行之前,孔子召集几个最为亲近的弟子开会,并说自己已决定费邑一行。

孔子还没说完,子路便站了起来,一边摇头一边对孔子说:"老师,您又不是不知道公山弗扰和阳货这两个人，您怎么能参与他们的事情呢？"

孔子很理解子路的心情，知道子路曲解了自己的本意，于是说："现在的问题是，好不容易有这么一个机会，我总不能让邀请我的人白白辛苦一趟吧。"

子路越发曲解了孔子的意思，摆出一副死谏的样子说："老师，就算您急于入世，也不能饥不择食选这条路去造反呀。"

这时，孔子觉得不能再对弟子们有半点隐瞒了，敞开心扉说道："我之所以要去费邑，当然不是要参与犯上作乱，那样的事不说是我，就是我的弟子们也决不允许干呀。可是，去费邑难道就不能有别的作为吗？如果有人要用我，我只能不遗余力地复兴周礼王道，即使献出生命也当在所不惜啊！"

弟子们这才明白，孔子是要利用阳货和公山弗扰对他的信任，去劝阻他们犯上作乱的举措，企图把这两个人拉到复兴王道的路上来。这件事如果做成了，当然功德无量，可是成功的把握呢？真是只有天知道。于是，弟子们一致反对孔子冒险赴难。

在大家的劝阻下，孔子只好打消了这次行动的念头。

然而，历史有时就是惊人的相似，曾经出现过的事情，往往会再次出现。就在公山弗扰和阳货造反失败后不久，另一个几乎是公山之乱翻版的事件又出现了，只不过换了个地方，这次是在西边的晋国。

晋国自晋文公重耳称霸之后，一百年间，长盛不衰。渐渐地，因战功积累或理政功绩等各种因素，在庞大而貌似强大的晋国也形成了赵、魏、韩、范几家大的权臣世卿集团。当著名的政治家赵简子执掌朝政的时候，赵、范二家的矛盾日益突出，赵简子对范氏和他的家臣的挤压日益严重，于是，又一场计划中的兵变开始骚动了。

这一次，主谋是范氏家臣，时任范氏封地中牟邑宰的佛肸。他的计划又惊人地与公山弗扰有着相似之处，为了拉大旗作虎皮，他力邀在列国都享有名望的孔子加盟，而孔子在接到佛肸的邀请后，竟再次萌动应召之心，想去面会佛肸。

子路等几个弟子听说孔子打算应召前去中牟，急忙赶来劝阻孔子。子路一见面就直言不讳地说："老师，我记得您曾经说过，君子是要拒绝参加干坏事的人的聚会的，您还记得这话吗？"

孔子答道："是啊，这确实是我说过的话，难道有什么可怀疑的吗？"

子路道："老师您记得就好。目前佛肸盘踞中牟，图谋叛乱，且不说他能否敌得过强大十倍的赵氏，单说这犯上作乱就属不义之举,老师您怎么能为虎作伥,应召前往中牟去呢?这不是和您以前说过的话背道而驰吗?"

孔子坦然回答:"仲由说得有理,但只是一定的道理。须知,世界上最坚硬的东西是磨不破的,最白的东西是染不黑的,最有德性的人是不会被恶习流俗所染的。我的心是不会变的。"

子路也相信先生的圣德不变,再听孔子这么一表白,心中突然明白了几分:"老师,莫非您又要去中牟劝阻佛肸的叛乱吗?这种事可万万做不得的,何况他们也决不会听您劝阻,您这是自找火坑去跳呀。"

孔子微微一笑,赞扬子路比上次大有进步,然后又说:"我也心知此事甚难,但即使如此,我也应当努努力啊。我怎么能像一只漂亮的匏瓜一样只能挂在外面被欣赏而不能被使用呢?"

弟子们人人报以会心的一笑,但大家的意见再次高度统一,决不同意孔子冒险去中牟。于是,孔子再赴危难的壮举终于到底没有真正上演。

商有三杰

周王朝是在殷商的废墟上建立起来的。在一定限度上说,恰恰是商的最后一位君主纣王的无道荒淫从反面帮助了周的兴起。对于这段历史,孔子可谓烂熟于心,并从中总结出了许多带有哲理性的东西。

这一日,孔子又在给弟子们讲述历史。当讲到商朝的衰落时,孔子的情绪再次激动起来,一再感叹道:"纣虽无道,但商本来是不乏人才的,商有三杰,微子、箕子、比干。此三人可是真正的仁者啊。"

有弟子请教此三杰的故事。孔子语调沉重地讲道:"商末,纣王好色且又贪酒,每日饮宴作乐,只是不理朝政,唯妖女妲己之言是听,视大臣而不如草芥。面对此种情况,朝中仁人志士无不忧心忡忡,微子作为纣王的哥哥,几次规劝纣王,但纣王就是不理,一次微子回到家中,被下旨劝其离开京城,到外乡去度余生。"

有弟子感叹:"微子可谓大义凛然。"

孔子道:"比微子还大义凛然的还有呢。比干时为丞相,又是纣王的叔父,眼见微子被逐,当众直言相谏,结果纣王恼羞成怒,竟将比干剖心而杀。"

众弟子皆叹服比干,孔子又道:"还有一位箕子,也是纣王叔父,尽管明知比干被杀害有一半杀鸡儆猴的意思,但他仍然不惜生命,再次进谏,请求重修政治。箕子之为,乃明知不可为而为之,结果被降为奴隶,受人差使,借以度日。"

孔子接着又说:"这三个人,虽说并不因此而能挽回王朝的命运,但他们冒死尽忠的举动却是永世垂青的。这样的人才是仁德之士啊!"

五美四恶

子张是孔子晚年较为得意的门生之一。有一次,子张在与老师谈论国政时突然问道:"老师,一个国家的政务,可谓千头万绪,为政者怎样才能处理好那杂乱无章的事务呢?"

孔子认真思考一番,伸出一只大手,展开五指道:"我觉得,一般来说,你只要尊崇五种美德,同时又摒弃四种恶习,就可以处理好国政了。"

子张赶紧问道:"老师,这五种美德可是哪些?"

孔子缓缓道来:"第一,给人民以好处而自己不破费钱财;第二,可以役使百姓而百姓又不怨恨;第三,可以追求自身需要的东西却又不贪婪;第四,安宁矜持而不傲慢;第五,树立威严的形象但绝不猛厉。这就是为政者的五种美德。"

子张听来很感兴趣,却又觉得未曾理解透彻.于是请孔子再做更具体的阐述。

孔子也很喜欢弟子这种打破砂锅问到底的求学精神,于是不厌其烦地解释道:"比如说吧,对于那些对百姓有利的事情,诸如兴修水利、平整道路等,为政者只要因势利导，指导百姓去干就行了，这就是施恩于民而又不破费啊。再比如，农忙时不抽调百姓出工，农闲时倒可以集中精力干一些公益性的工程，这样，百姓出力也就不会怨恨了。再如，君子追求的是仁德，又何必对其他东西感兴趣呢？又如，君子对人，无论职位高低、年龄大小都是一视同仁的，又何必对什么人傲慢呢？最后，欲正人先正己，君子理政不偏不倚、不苟言笑，岂不是不言自威，但同时又不会使任何人感到你凶狠吗？"

子张很是高兴，接着问："老师，五美我是知道了，还有四恶呢？"

孔子道："所谓四恶嘛，首先就是平时不对百姓进行礼法教育，等他们犯了刑律却处以死刑，这种不教而诛，是为暴虐；其次，遇事不曾安排布置，却要部下突然就拿出政绩，这个是粗暴；再次，下达命令时不强调时间，而中途却又限令克日完成，言而无信，是为贼也；最后，有些财物本应奖给部下的却出手吝啬，这是小气。以上四种行为，都是当政者的大忌。"

子张连连点头，顿觉心明眼亮，此后他照着孔子的教导去做官，去教书，都取得了明显的效果。

永不自满

孔子去世后,他的弟子遍布华夏,其中有几位可谓声名鹊起。例如子夏,在魏国被认为是孔子再世;例如子游,被誉为一代宗师;还有子贡,在鲁国的影响也越来越大,道德文章日渐完善,被许多人赞为超贤入圣。面对这样的评价,孔子的弟子们是怎样看待的呢?子贡可以说是典型代表。

有一天,鲁国大夫叔孙武叔在朝堂上谈起子贡,禁不住大加赞赏,并对着众大臣竖起拇指说:"子贡可了不起,以我看,怕是比他的老师孔子也要高明呢。"

另一位大夫子服景伯找机会把这话告诉子贡,并问道:"要说呢,我们觉着您的道德文章确也了不起,只是是否已经超过老师了呢?"子服景伯想看看子贡的真实想法。

子贡一听这话,立刻露出一种诚惶诚恐的神色,一迭声道:"岂有此理,我小小子贡怎么能与老师比肩,叔孙武叔怎么会说出这样无知的话来?"

子服景伯见状,不由叹服子贡的恭谦与对老师的尊重,又问道:"子贡先生,既然如此,您能否把自己和老师的道德文章做个形象的比较呢？"

子贡思索片刻，对子服景伯说："这么说吧，要说比较，也不是不可以比。就以房屋的围墙作比吧，我子贡的围墙有齐肩这么高，谁都可以望得见墙内房屋的美好。而孔子的围墙有几丈高，人们找不着大门进不去，当然就看不见里面宗庙的壮美。能够找见这大门的人或许并不太多吧，叔孙武叔会说出那样的话，不是也就很自然了吗？"

子服景伯完全理解了子贡的意思，也从心底里佩服子贡的为人，连连称赞道："言之有理，言之有理。子贡先生不愧为孔子的好学生啊！"

高不可攀

子贡继承师德师愿，在鲁国不仅政绩斐然，而且学有所成，且又富甲一方，一时间在鲁国可谓无人不知，无人不赞。他与孔子的道德文章究竟哪个更高，对于这个问题，不仅叔孙武叔那样的人失之偏颇，就连子贡的同学，同为孔子学生的陈子禽也产生了疑问。

这一天，陈子禽和子贡两个老同学在一块谈论，说到已经作古的老师，子禽突然说："嘿，老兄，你是太自谦了吧，我觉得你和先生相比也不相上下了吧。"

子贡立刻正色道："子禽兄，你怎么也能讲这种话呢？一个人说的话可以体现其聪明，也可以表现其无知，君子讲话应当慎重啊。"

子禽也自觉失言，不该把老师和师兄作比，可是又觉得自己并无对孔子的不敬，且对子贡讲的也是真心话："师兄，莫要发火，我是真的觉得您老兄的学业大进，不至于永远比不上老师呀。"

子贡口气平缓一些，用开导的腔调说道："子禽，我们老师的水平，咱们这一代人是无法达到的，他的学问犹如我们头顶上的蓝天，我们找不到台阶可以攀登上去呀。"

子禽点头:"这我知道,可是在政绩上,你总比老师要强吧。"

子贡摇头叹道:"非也,老师只是生不逢时。如果他能执掌大权的话,凭他的德政仁信,他要百姓奋斗,百姓就会奋斗,他要引导百姓,百姓就会前进,他要号召百姓干什么事,百姓就会四面八方赶来响应。那样的人当政,有什么办不成的事呢?"

子禽似乎也陷入了对老师昔日教诲的回忆,情不自禁说道:"是啊!我们的老师确实非比寻常,真乃高山仰止啊。"

子贡看见子禽已有了明显的转变,拍拍他的肩膀说:"子禽,老师生得光荣,死得却可悲可惜。我们做弟子的,有义务把他的未竟之业继承下去,虽说永远达不到他那样的水平,但只要努力去做了,也就心安理得了。"

《孟子》经典故事

关于《孟子》

《孟子》是孟子的弟子们编订的一本记载孟子言论、思想和事迹的书。《孟子》一书记录和阐述了孟子的政治思想、哲学思想和伦理思想。它不仅是一本言论集,从文体上看,也可以把它看作一本文学著作。

孟子处在"百家争鸣"的战国时代,他既以继承尧、舜、禹、汤、文王、孔子等的"古圣先贤"的道统自居,又以"避异端,斥邪说"为己任,积极宣传自己的学说和主张,因此就需要有更系统、更完整的论述方式。在《孟子》的文章中可以看到,虽然它基本上是一种通过问答对话形式记述的语录本,但它比起《论语》那种简约含蓄而又纯朴的风格,已有了很大的发展。它不仅辞藻丰富、篇幅鸿巨,而且感情洋溢、气势充沛、洋洋洒洒、波澜壮阔。在《孟子》的各篇文章里,可以看到说理辩论逻辑严密,叙述描写细致精巧,鲁迅先生曾从文学史的角度评价它"渐有繁辞,而叙述则时特精妙"。这对《孟子》一书是十分精当的评价。

由于孟子有着继承道统、担当大任的使命感,自信心很强,表现在文章中则气势磅礴,有着十分强烈的鼓动性。像"天将降大任于是人也""天时不如地利,地利不如人和"等篇。他高屋建瓴,一泻如水,文笔犀利流畅,词锋凌厉无前。

在后人中，如唐代的韩愈、柳宗元，宋代的苏轼、王安石等人，无不受他这种文风的影响。《孟子》中的许多用语已经凝固在中国文学语言中，如"以邻为壑""出类拔萃""自暴自弃""一曝十寒""缘木求鱼""五十步笑百步""舍生取义""天时不如地利，地利不如人和""天将降大任于是人也，必先苦其心志，劳其筋骨，饿其体肤……"等。

《孟子》一书在西汉时期曾成为官方正式规定的传授和学习的经典之一，不久便被取消。直到唐代，由于韩愈等人的推崇，地位又渐渐高了起来。特别是宋代的朱熹将《论语》《孟子》以及从《礼记》中抽出来的《大学》《中庸》并列为"四书"，从此《孟子》便成了知识分子们入学启蒙的必读书，它的影响便一代一代地流传下来。

所以说，《孟子》一书不单是一本政治理论读物，也不仅是一本伦理道德著作和一本文学名著，它对后世的影响是多方面的。不同的人从里面汲取着不同的营养，以至于几千年来历久不衰。

一妻一妾

齐国有一个人,娶了一妻,纳了一妾,他们三个人在一起生活。丈夫每次外出,总是吃得酒足饭饱才回家,还夸耀一番酒饭怎么怎么好。妻子就问他在外面和什么人一起吃饭。丈夫总是说他每次都是和一些有钱有势的人在一起吃饭。妻子很怀疑,对妾说:"我们那个当家的每次外出,总是吃饱喝足才回来。问他和哪些人在一起,他说都是和一些有钱有势的人在一起,可是至今也没有见到一个显贵的人到我们家里来。我想暗中察看一下他到底是到什么地方去吃饭,到底和哪些人在一起。"

第二天早晨,丈夫照旧要出去,妻子就暗自跟着他。走遍城中,妻子也不见丈夫和任何人交谈。终于,丈夫走到城外东郊的乱坟丛中,向那些到坟前来祭祀的人讨吃他们吃剩的酒食。一处吃不够,就四处张望,向另一处乞讨。这就是他每次吃到的酒食,也是他填满肠胃的办法。

回到家里,妻子把她看到的告诉了妾,并说:"丈夫是我们寄托幸福与希望和终身依靠的人,可是想不到他竟干出这样的事。"说完和妾一起骂丈夫，骂完了又觉得伤心，两个人在一起哭泣。但是做丈夫的并不知道他自己的那些事已经败露，他还是和往常一样，洋洋得意地从外面回来，向他的妻妾夸耀他在外面吃到的好东西。

　　孟子认为，在道德高尚的人看来，有些追求功名利禄的人所用的卑污行径与这个乞讨者也没有多大差别，他们的妻妾若不为他们的所作所为感到羞惭而流泪，是令人难以想象的！

孟子好辩

公都子对孟子说:"外人都说夫子您好辩,敢问您这是怎么回事呢?"

孟子说:"我哪里好辩!不过是不得已而为之。"

大概也是听说孟子好辩,匡章找到孟子,对他说:"我听说陈仲子是一个很廉洁的人。他住在于陵,三天没有吃的,耳朵听不到,眼睛看不见。井上有李子,虫子已经吃掉一大半,他爬过去拿来吃,吞咽了三口,然后耳朵才能听,眼睛才能看。可是他就是不肯多吃一口。因为李子是公家的啊。"

孟子说:"在齐国士人中间,我一定是把仲子当作是出类拔萃的人的。但是仲子又哪里做到了廉洁呢?仲子要彻底保持操守,那只有变了蚯蚓才行。蚯蚓,在地上吃干土,在地下饮泉水,一点也不沾别人的东西。至于仲子,他住的房子,是像伯夷那样的人建造的呢还是像盗跖那样的人建造的?他吃的粮食是像伯夷那样的人种的呢还是像盗跖那样的人种的?这是不知道的。"

匡章说:"这有什么关系呢?他亲手编织鞋子,妻子织麻漂麻,是拿这些交换来的。"

──《孟子》经典故事──

孟子说:"仲子家是齐国的名门望族。他的哥哥陈戴,在盖邑收取的俸禄有好几万石。仲子认为哥哥的俸禄是不义之物,不吃它。认为哥哥的房屋是不义之产,不去居住;避开哥哥,离开母亲,住在于陵。有一天回家,适逢有人送给他哥哥一只活鹅,他看到了,就皱着眉头说:'要这个东西干什么!'又一天,他母亲杀了这只鹅,给他吃了。正好他哥哥从外面回来,说:'这就是那只鹅的肉呀。'仲子一听,便跑到外面去吐了出来。母亲做的食物不吃,却吃他老婆做的;哥哥的房子不住,却住在于陵,这还能说他事事做到廉洁吗?像仲子这样的人,只有变成蚯蚓才能彻底体现他的操行。"

这话不知陈仲子听到没有,如果听到了又该做何感想。

人性本善

告子和孟子是同时代的人，告子很善辩，有一天，二人在一起讨论。告子说："人性，就像是杞柳一样。道义，就像是杯盘一样。把人的本性纳入道义的规范，就像把杞柳做成杯盘一样。"

告子认为人性是恶的，这一点与孟子的观点是不相同的。杞柳也叫柜柳，很柔软，可以供编柳条筐、箱等用。而要用杞柳做杯盘以用来盛饭羹、注酒则显然是不行的。

孟子说："我们当然不可能顺着杞柳的本性让它长成杯盘，只有把杞柳砍掉才能使它成为杯盘。而如果能将杞柳砍掉把它做成杯盘，那么也可以把人性纳入道义的规范。"

告子说："人性就像湍急的流水一样，东方开了口子就往东流，西方开了口子就往西流。人性无所谓善不善，就好像水无所谓东西一样。"

孟子说："水果真无分于东西，无分于上下吗？人性之善，就像是水在下面一样。人性没有不善的，就像水没有不往低处流的。水，你把它拍击起来，它就可以高过你的额头；你把它抽起来，它就可以上高山。这难道是水的本性吗？是人让它变成这样的。人成为不善的人，也是由于这个道理。"

告子说："天生的本能就是性。"

孟子说："天生的本能就是性，就像白的东西本来就是白的一样吗？"

告子说："是的。"

孟子说："白羽之白就像白雪之白，白雪之白就像是白玉之白吗？"

告子说："是的。"

孟子说："那么，狗的天性就像是牛的天性，牛的天性就是人的天性吗？"

告子说："吃饭和男女之欲，这就是人的本性。仁是内心里的东西，不是外在的东西。义是外在的东西，不是内在的东西。"

孟子的弟子公都子说："告子说：'人的本性无所谓善也无所谓不善。'或者说：'人的本性可以善，也可以不善。所以说文王、武王兴的时候，人民就好善；幽王、厉王兴的时候，则人民就起暴乱。'或者说：'有的人性善，有的人性不善，因此尧为国君的时候而有象那样的坏人；而瞽瞍那样的父亲却有舜那样的儿子；以纣王那样的坏侄儿而言却有微子启、王子比干这样的仁人为他效命。'现在说'性善'，请问这些人之间有共性可言吗？"

孟子说："至于他们的本性，并非不可以为善，这便是我所说的人性善良。至于有些人不好，也不能归罪于他的天性。同情之心，人人都有；羞耻之心，人人都有；恭敬之心，人人都有；是非之心，人人都有。同情之心属仁，羞耻之心属义，恭敬之心属礼，是非之心属智。仁义礼智并不是由外界授予我的，是我本来就具有的，不过是我们不曾都去探索它罢了。所以说，'努力探求，就能得到；放弃不顾，就会丧失'。人与人之间的差距，有的就相差一倍，有的则相差五倍甚至无数倍，原因就在于没有充分发挥出他们的天性。《诗经》上说：'天生烝民，有物有则。民之秉彝，好是懿德。'孔子说：'做这首诗的人，大概是懂得这个规律吧。'有事物，便有它的法则；老百姓掌握了它们的规律，所以喜爱那优良的品德。"

孟子说："丰年，人民富足，年轻人就多半懒惰；荒年，人民贫困，年轻人就多半强暴。这不是天所给予他们本性的不同，而是环境使他们的人性变得堕落。就像种麦子吧，播种之后，再耙地整平，土质一样，下种季节也相同，便会蓬勃地生长，到了夏至的时候，都会成熟。即使有所不同，那也是由于土地有的肥一些，有的贫一些，雨露的多少也不一样，管理也不一样造成的。因而心是同类的事物，都有相似之处，为什么单单对人类就产生了怀疑了呢？"

孟子的人性本善的学说，对后世的影响很大。人们所熟悉的《三字经》开篇就说："人之初，性本善，性相近，习相远……"就是从孟子的人性本善的学说来的。从孟子和告子的对话中，也可以看出孟子确实是善辩的。

君子远庖厨

孟子在齐国的时候，齐宣王很尊敬他。有一次，齐宣王问孟子说："齐桓公、晋文公称霸的事业，我可以听一听吗？"

孟子回答说："孔子的学生们没有谈论齐桓公、晋文公的事情，因此后代们也没有流传下来。我也没有听说过。如果一定要我说，我就说说用道德的力量统一天下的王道吧。"

齐宣王问道："什么样的道德可以统一天下呢？"

孟子说："保护老百姓安居乐业，这样的王道，谁也不能阻挡你。"

齐宣王问："像我这样的人，可以保护老百姓安居乐业吗？"

孟子说："可以。"

齐宣王又问："您怎么知道我可以做到呢？"

孟子说："我听胡龁说过这样的一件事。有一次，大王坐在堂上，有人牵着牛从堂下走过，您看到了就问：'牵着牛到哪里去呢？'那牵牛的人回答说：'要把它杀了祭奠大钟。'王说：'放了它吧！我不忍看它那哆哆嗦嗦可怜的样子，这样没有罪而把它送进屠宰场。'那人说道：'那么，就不祭大钟了吗？'您说：'怎么可以不祭大钟呢？用只羊换了它吧。'不知道是不是真有这回事？"

齐宣王说："有过这回事。"

孟子说："这种好心足以统一天下了。老百姓都以为大王是吝啬，而我却早就知道您是于心不忍。"

齐宣王颇感得意地说："对呀！确实有那么些老百姓误解我。齐国虽然小，但我怎么会吝啬一头牛？我就是不忍看它那哆哆嗦嗦可怜的样子，这样没有罪过把它送屠宰场。所以，我拿了一只羊换它。"

孟子说："您莫怪百姓以为您吝啬。羊小牛大，用小的换下大的来，他们怎么知道您的用意呢？大王若可怜牛无罪而被送进屠宰场，那么牛和羊又有什么区别呢？"

齐宣王笑着说："这究竟是什么想法呢？我的确不是吝惜财物才用羊换牛。您这么一说，百姓们说我吝惜财物是应当的了。"

孟子说："没有关系。您这种不忍之心，正是仁爱，因为您只见到牛没有见到羊。君子对于飞禽走兽，看见它们活着，便不忍心看见它们死；听到它们的声音，便不忍心吃它们的肉。因此，君子要远远地离开厨房。"

齐宣王听到孟子的话高兴地说："《诗经》上说：'他人有心，予忖度之。'这话说的好像就是您。我自己做了这件事，反过来问问自己为什么这样做，却说不出所以然来。您这么一说，对于我的心来说，一下子就豁然明亮了。我这种心情合于王道，又是什么道理呢？"

孟子说："假若有人向您报告说'我的力气能够举起三千斤，可是却拿不动一根羽毛；我的眼力能看清秋天鸟的细毛，可却看不见一车子柴火'，您相信这种话吗？"

齐宣王说："我不相信。"

孟子说："如今您的恩德足以达到禽兽身上，却不能使老百姓得到好处，这是为什么呢？这样看来，一根羽毛拿不起来，是因为不用力气；一车柴火看不见，是因为不用眼力；百姓们不能安居乐业，是因为您不肯施您的恩德。所以您不用王道统一天下，只是不肯做，不是不能做。"

齐宣王说："不肯做和不能做在现象上有什么不同呢？"

孟子说："用胳膊挟着泰山跳过渤海，对别人说：'这个我不能。'这是真的不能。给老年人弯腰作揖，对人说：'这个我不能。'这是不肯做，不是不能做。所以您不用王道统一天下，不是属于用胳膊挟着泰山跳渤海一类的事。您不用王道统一天下，是属于给老年人弯腰作揖的那一类的。

"尊敬我的家里的老人，进而推广到尊敬别人家里的老人；爱护我家里的子女，进而推广到爱护别人家里的子女。一切政治举措都这样施行，要统一天下就像在手里运转东西那样容易了。《诗经》上说：'刑于寡妻，至于兄弟，以御于家邦。'这就是说把这样的好心扩大到其他方面就行了。所以说把恩惠由近及远推广开去，便能够安定天下；不这样，甚至无法保护自己的妻子儿女。古代的圣贤们之所以大大地超过了一般人，没有别的诀窍，只是善于推行他们的好行为罢了。如今您的恩德足以达到禽兽身上，却不能使老百姓得到好处，这是为什么呢？

"称一称，然后知道重轻；量一量，然后知道长短。什么东西都是这样，人的心更是如此，请您考虑一下吧。

"难道您想调动军队，使将士们冒着生命危险，去和别的国家结怨仇，然后心里才感到痛快吗？"

齐宣王说："不。我为什么这样做才痛快呢？我之所以这样做，是要满足我的最大愿望啊！"

孟子说:"大王的最大愿望是什么呢?可以说给我听听吗?"

齐宣王笑了笑,却不说话。

他大概是不好意思对孟子说吧。

―― 《孟子》经典故事 ――

与民同乐,则王

齐国有一个大臣叫庄暴,有一天来拜见孟子。虽然孟子在齐国只受尊重而并不怎么受重用,但是,人们有点什么想不开的事,总还是想和他谈一谈,毕竟他是一个贤人智者。而孟子要宣传他的学说主张,不管见到谁,只要人家问他,他就和人家谈。

庄暴说:"我去见君王的时候,他告诉我,说他爱好音乐,当时我不知道该怎么回答他。"停了一下,他接着又问:"爱好音乐好不好?"

孟子说:"君王如果非常爱好音乐,那么齐国就差不多治理好了。"

庄暴就问他这是为什么,孟子就和他说了一番道理,庄暴心里很服气。就在他们俩谈过话不久的另一天,孟子去拜见齐宣王,问:"您曾经和庄暴说过您爱好音乐,有这回事吗?"

齐宣王的脸一下子就红了,他不知道孟子问他这话是什么意思。想了想只好说:"我不爱好古代的音乐,只是爱好社会上的流行音乐。"

孟子说:"只要您非常爱好音乐,齐国就很不错了。

现在社会上的流行音乐也是由古代的音乐而来的。"

齐宣王不明白他爱好音乐和齐国有什么直接的关系，就说："这道理您可以说给我听一听吗？"

孟子当然愿意，问齐宣王："一个人自己欣赏音乐是一种快乐，和别人在一起欣赏音乐也是一种快乐。您觉得哪一种更快乐呢？"

齐宣王说："和别人在一起欣赏音乐更快乐。"

孟子又问："和少数人在一起欣赏音乐快乐，和多数人在一起欣赏音乐也快乐，您觉得哪一种更快乐呢？"

齐宣王说："和多数人在一起欣赏音乐更快乐。"

孟子说："那么好吧，就让我和您谈一谈欣赏音乐和娱乐的道理吧。假使您在这儿击鼓奏乐，老百姓们听到您敲钟鼓、吹箫笛的声音，都感到痛苦，愁眉苦脸地互相议论说：'我们的国君这样爱好音乐，为什么使我们落到这步田地呢？父子不能相见，兄弟妻子儿女四处离散！'假使大王在这儿打猎，老百姓听到您的车马的声音，看见华丽的仪仗旗帜，都感到痛苦，他们都愁眉苦脸地说：'我们的国君这样爱好打猎，可是为什么我们落到这步田地呢？父子不能相见，兄弟妻子儿女东离西散！'这没有别的原因，就是因为国君只图自己快乐，不和人民在一起娱乐。"

齐宣王点头称是。

——《孟子》经典故事——

孟子又说:"如果换一种情形,假使大王在这里击鼓奏乐,老百姓听到这些声音,都会喜笑颜开地互相转告:'我们国君身体大概很好吧,要不怎能击鼓奏乐呢?'假使大王在这里打猎,老百姓们听到您的车马的声音,看见华丽的仪仗旗帜,他们都眉开眼笑地互相转告:'我们的国君大概身体很健康吧,要不怎能打猎呢?'老百姓们这样对待您,没有别的原因,就是因为国君不是只图自己快乐,而是和老百姓共同娱乐。如此,天下可以归服,君王就可以放心地做王了。"

齐宣王觉得孟子说得有道理,但他是不是照着去做了,那就不知道了。

齐人伐燕

齐国人攻打燕国,战胜了它。那是在齐宣王五年(前313年)的时候,燕王哙把王位让给国相子之,国人不服,发生了内乱。齐宣王乘机出兵伐燕,很快取得了胜利。

齐宣王问孟子说:"现在有人劝我吞并了燕国,也有人劝我不要这样做。我以一个大国攻伐另一个大国,五十天就把它打败了,怕不是单靠人的力量,而是一种天意吧。我攻打它的时候,燕军不战,城门不关,燕王哙死,子之逃亡,我们真是速胜。这不是天意是什么?我要是不吞并燕国,就是违背了天意,恐怕要遭到天的报复。所以我想吞并它,先生您看怎么样?"

孟子说:"如果燕国人民高兴,就可以吞并它。古时候就有人这样做过,周武王就是。武王带兵伐纣的时候,纣兵虽多,但是没有战斗之心,却盼望着武王早到,他们不但不和武王作战,反而倒戈,为武王开路。武王的兵到达商都的时候,商都的人民早就等在城郊迎接他。但是如果大王吞并燕国,而燕国人民却不高兴，那就不要吞并了。古人也有这样做的，那就是周文王。文王当年，天下三分已得了二分，但是他觉得取殷商时机不到，就还是服侍殷商。以一个大国攻打另一个大国，燕国的百姓们不但不反对，反而是用筐子盛着饭，用壶盛着酒来迎接您的军队，这里面难道有什么别的意思吗？其实这是因为燕国内部发生了内乱，他们迎接您不过是想逃避那种水深火热的苦难生活。如果燕国被吞并之后．他们的灾难更加深重，燕国人民也只好到别处逃难了，也许还会迎接别人来攻打您。"

齐宣王听了孟子一席话，认真想了想，觉得他可以吞并燕国，于是就吞并了它。但是，他一占领燕国，其他的一些诸侯就谋划援救燕国。齐宣王又找了孟子，想从孟子这里讨一个主意，他问孟子说："很多诸侯国都商量着攻打我，我该怎么对付呢？"

孟子回答说："我知道古时候占有七十里的地方而称王于天下的，商汤就是。我还没有听说过占有千里土地而害怕别国的。《尚书》里说：'商汤出征，从葛国开始。'天下人都相信他，向东方征伐，西方的人便埋怨他；向南方征伐，北方的人便埋怨他。说：'为什么把我们放到后面呢？'人民盼望他，就像是久旱的庄稼盼望下雨一样。他的军队所到之处，做买卖的不停止营业，种庄稼的照常下地干活。他进入那些国家以后，杀了他们暴虐的国君，安抚人民。他的到来，就像下了及时雨一样，人民非常高兴。《尚书》中说：'等待我们的君主来啊，他来了，我们就活命了。'如今燕国君主虐待他的老百姓，您去征伐他，燕国人民以为您把他们从水深火热的苦难生活中救出来，所以才纷纷备饭备酒迎接您的军队。您却杀了他们的父兄，掳掠他们的子弟，毁坏他们的宗庙，运走他们的宝器，这怎么能行呢？天下本来就害怕齐国的强大，现在齐国的土地扩大了一倍而不行仁政，这自然要惊动天下的军队来对付您了。您赶快发布命令，送回他们的老人孩子，停止搬运他们的宝器和贵重东西，跟燕国的人民百姓商量，为他们立一个国君，然后您从燕国退出来。这样做，就能止住天下的诸侯对您的讨伐。"

后来燕国人真的开始反叛齐王。齐王想起孟子对他说过的话，心里感觉到孟子当时和他说的都是真话，真是后悔不迭。他说："我真是很对不起孟子。在孟子面前感到惭愧啊。"

齐王手下的一个叫陈贾的人说："君王不要有什么忧虑。君王您自己觉得和周公相比哪一个仁，哪一个智?"

齐王很不高兴,说:"这叫什么话?"

陈贾说:"当年周公让管叔管理殷,结果管叔和殷一起反叛了。知道他是这样的人却让他去管理殷那个地方,是不仁。不知道他是那样的人,让他去做那样的事,是不智。仁和智,周公都做得不周全,何况您呢?我请求大王派我去向孟子解释。"

于是,陈贾去见孟子,问孟子说:"周公是什么人呢?"

孟子:"古时候的圣人。"

陈贾说:"他让管叔去管理殷,而后来管叔却和殷一起反叛,有这回事吗?"

孟子回答说:"有的。"

陈贾说:"周公当时是知道他要反叛而还让他去管理殷,有这回事吗?"

孟子说:"周公不知道他是这样的人啊。"

陈贾说:"看来圣人也有过失吧?"

孟子说:"周公是弟,管叔是兄,这种事很难避免。当年武王伐纣,取得了胜利,让他的弟弟管叔和其他几个人一起管理殷。武王死,成王那时还幼小,周公辅政,管叔就和武庚一起反叛。不过,过去的君子们,有过失就立即改正。现在的君子,有过失却不去立即改正。过去的君子有过失也像天上的日月一样,人人可以看得见。他们改正了自己的过失,人民还一样敬仰他们。如今的君子,怎么可以将错就错,还找出借口来为自己的错误辩护呢?"

陈贾把孟子的话说给齐王,齐王听了,知道孟子是在批评他。

——《孟子》经典故事——

天将降大任于是人也

孟子十分重视知识分子的自我修养。有一次，几个弟子就此请教于他，孟子说："舜发于畎亩之中，傅说举于版筑之间，胶鬲举于鱼盐之中，管夷吾举于士，孙叔敖举于海，百里奚举于市……"

舜是中国历史上传说中的五帝之一，他姓虞，所以也叫虞舜。尧为帝的时候，有一个叫四岳的人向他推荐舜，说舜是一个有德有才的人。尧就召见了舜，让舜摄政，以考验舜的德才。三年过后，尧发现舜确是一个有德有才的人，就把王位让给舜。说舜发于畎亩之中，是说舜原是一个在农田里耕作的普通人，靠着他的才德，才做了帝王。

商王武丁有一天晚上做了一个梦，梦中他遇到一个圣人，叫傅说。第二天，他根据梦中见到的相貌，在他朝里的百官中寻找，但是一直也没有找到他要找的人。有一天，他到外面去，看到一个人，与他在梦中见的那个人一样。此人名叫傅说，正在一个叫傅岩的地方筑墙。武丁就上前和他交谈，他发现傅说有真才实学，认为他就是他梦中的那个圣人。武丁就把他请到宫里，拜他为相。傅说果然不负武丁的希望，帮助武丁使商一天天强大起来。

胶鬲是一个贩卖鱼盐的人，在一个偶然的机会里他被文王发现，就举荐给纣王。但是纣王是一个不道的帝王，后来，武王起兵讨伐他，纣王很快就灭亡了。纣王灭亡后，胶鬲就辅助武王，建立了武王的霸业。

管夷吾就是管仲。管仲在齐国的时候是公子纠的下属，是一个专管狱囚的小官。齐景公死后，公子纠和公子小白争夺王位，发生了战争。公子纠失败，管仲随着公子纠逃到鲁国。公子小白就是后来的齐桓公，他上台之后，打算把公子纠的人都杀掉，当然也包括管仲。他的大臣鲍叔牙向齐桓公说管仲是一个人才，得到管仲，就能得到霸业。齐桓公听了鲍叔牙的话，就把管仲从鲁国请回来，拜他为相。管仲辅助齐桓公，使齐桓公成为春秋时期最早的霸主。

孙叔敖原是楚国的一个隐士，曾隐居于海滨。楚庄王发现他是一个贤能的人，就提拔他为相。孙叔敖做了宰相，那时正值楚国和晋国争雄。在楚国和晋国的邲之战中，孙叔敖辅助楚庄王指挥楚军与晋军大战，结果晋军大败，从而奠定了楚国的强大地位。相传他还大修水利工程，开凿过芍陂，蓄水灌田。

百里奚原为虞国的大夫，虞国灭亡以后，他被晋军俘去。后来他被晋国人当作陪嫁的大臣送到秦国。秦国开始以为他就是一个俘虏,没有重用他。他在秦国得不到重用,就出走到楚国,被楚国人逮住。秦穆公上台之后,听说百里奚是一个能干的人,就用五张羊皮把他从楚国赎回来,封为大夫。他与蹇叔、由余一起帮助秦穆公建立了霸业,使秦穆公也成为"春秋五霸"之一。

这些人在他们的事业成就之前,都是一些普通人。他们吃了不少的苦,但是他们确有一些与别人不同的品质。所以孟子十分恳切地对弟子们说:

> 故天将降大任于是人也,必先苦其心志,劳其筋骨,饿其体肤,空乏其身,行拂乱其所为,所以动心忍性,曾益其所不能。人恒过,然后能改;困于心,衡于虑,而后作;征于色,发于声,而后喻。入则无法家拂士,出则无敌国外患者,国恒亡。然后知生于忧患而死于安乐也。

也就是说如果上天将让一个人担当起重大的使命,必然先让他心志受苦,筋骨受劳,肚子受饿,经常还有一些不利的事情干扰他的正常事业。只有这样,他才能内心有所触动,也才能忍受一些想象不到的困难。人经常有过失,但是一定要能改正。心里对问题能常思考,然后才会有所作为。自己的言行举止,通过别人的脸色和声音显露出来,只有这样,自己才能有所改进。如果一个国家内部没有能够坚持法制的辅弼之士,外面又没有强大的国家对它构成威胁,那么这个国家是要灭亡的。一个人也是这样,忧患能使人奋起,做出成就,而安乐太平、贪图享乐却能让一个人灭亡,至少是精神上的死亡:一个人没有一种精神就等于是死去了。

——《孟子》经典故事——

浩然之气

有一天，公孙丑问孟子："您如果在齐国当了政，掌了权，管仲、晏子当年的功业可以再度兴起吗？"

孟子说："您可真是一个齐国人！只知道管仲、晏子罢了。以前有人问曾西说：'您和子路相比，谁更强一些？'曾西恭敬不安地说道：'他是我父亲敬畏的人，我哪里敢和他相比呢？'那人就又问：'那么，您和管仲相比，哪一个强？'曾西马上不高兴地说：'您为什么竟把我和管仲相比呢？管仲得齐桓公的赏识，是那样的专一！掌握国家的政权，是那样的长久！但成就的功业，却那样微不足道！您为什么竟把我和他相比？'"

孟子停了一下又说："管仲是和曾西都不能比的人，您以为我愿意学他吗？"

公孙丑说："管仲辅助桓公使桓公建立了霸业；晏子辅助景公，使景公名扬天下。管仲、晏子还不值得学吗？"

孟子说："凭齐国这样的大国行仁政来统一天下，易如反掌。"

公孙丑说："照您这样说，我更加迷惑不解了。像文王那样的德行，而且活了将近一百岁才去世，他的德泽还没有浸润到全天下。武王和周公继续他的事业，然后大力推行王道，才统一了全国。如今您把统一天下说得这样容易，那么，文王也不值得效法了吗？"

孟子说："文王怎么可以比得上呢？从商汤到武丁，贤明的君主有六七位，天下归服殷朝已经很久了，时间一久就难以改变。武丁使诸侯来朝，把天下治理好，就好像在手掌里转动玩物一样。纣王距离武丁的年代不太久，当时有功勋的旧臣之家，先代留下的好习惯，流传下来的好风尚、好政教，还是存在的。又有微子、比干、箕子、胶鬲，都是有贤德的人，共同辅助他，所以经过很久的时间才亡了国。当时没有一尺土地不是纣王所有，没有一个百姓不是纣王的臣民。齐国人有句俗话：'虽有聪明，不如趁形势；虽有锄头，不如待农时。'现在的时势就容易行王政统一天下了。在夏、商、周三代最强盛的时期，土地没有超过纵横千里的，现在齐国却有这样广阔的土地了。鸡鸣狗叫处处相闻，从首都一直传到四方边境，人烟十分稠密，齐国土地不用再开辟了，人民不用再增加了。只要行仁政来统一天下，就没有人能够阻止。而且统一天下的贤明之君不出现的时间，历史上从来没有隔得这么久远。人民被暴虐的政治压迫得这样困苦，历史上没有超过这时的了。饥饿的人来不及选择食物,口渴的人来不及选择饮水。孔子说:'德政的流行,比车马传递政令还迅速。'现在这个时候,拥有万辆兵车的大国实行仁政,老百姓的高兴,好像解下倒悬的人一样。所以做古人一半的事,就可以收到成倍的效果。只有在这个时候才做得到。"

管仲和晏子都是春秋时期有名的政治家,他们的治国才能得到了许多人的公认。他们距离孟子的时代并不远,但是孟子却认为他们的才能是次要的事,主要的是一个国家只有行仁政,这个国家才可以长久,才可以得到老百姓的拥护。

过了几天,公孙丑又问孟子:"您在齐国做卿相,可以行您说的道,齐国由此而成为霸主。如此,您动心吗?"

孟子说:"不!我不动心。"

公孙丑说:"要是这样,您可远远超过孟贲了。"

孟子说:"这并不难,告子就比我更不动心呢。"

公孙丑问:"不动心有什么方法吗?"

孟子说:"有。"

孟子说了一通不动心的道,公孙丑听着很感兴趣。听完了孟子说他的不动心之道,他问孟子:"敢问您有什么长处吗?"

孟子说:"我知言。我善养我的浩然之气。"

公孙丑问:"敢问您什么叫浩然之气呢?"

孟子说:"这可不好说啊。浩然之气之所以为气,它至大至刚,只要养而无害,它就塞于天地之间,无处不在。它之所以为气,是合乎道义,并且可以助长道义,如果不是这样,那么它就不会充于天地之间。人做事有不满足之心,那么他体内就不会有浩然之气。所以我说告子说义是外在的东西,未必知道义是怎么回事。人做事可以不必预期效果,但是心里不能忘掉,也不能强行去助长那个效果。不要像宋国人那样。有一个宋国人老是忧虑自己田里的禾苗长不大,有一天,他就把那些苗全都往上拔了一截子,这样看起来就比原来高出许多了。他带着高兴的神情但却无知的那种茫然回到家里,对家人说:'今日真累,我在地里帮助我们的禾苗长了。'他儿子听到他能帮助禾苗长大,就跑到田里看,结果,他看到自己田里的禾苗全都枯萎了。天下的人没有不希望自己的禾苗长大的,以为没有什么用处而舍弃的是那些不管理耕耘的人。可是为了帮助禾苗长大,却去把它拔高,不但没有益处,反而有害处。"

公孙丑听完这些话,问孟子:"什么叫知言呢?"

孟子说:"偏颇的话我知道它的片面所在,放荡的话我知道它能让人沉溺,邪辟的话我知道它的离叛,闪烁的言辞我知道它如何屈理。如果不知道这些话,那么这些话生于心,就要害政。要是发于政,就要危害事情。如果圣人再起的话,那么他必定会赞成我这些话的。"

天时地利人和

孟子十分关心天下大事，且一力主张仁政治国。有一次，一位弟子问治国之首要条件是什么，孟子说："天时不如地利，地利不如人和。"

什么叫天时呢？天时就是大的自然气候，也指天意。地利就是地形，或险要，或平坦。人和就是人与人的团结和睦，人心所向。

孟子说："三里之城，七里之郭。把它包围起来进攻它，可是不能取得胜利。敌人要包围起来进攻它，一定是趁着有利的天时来的，但是还不能取胜，那是天时不如地利；城很高，护城的池水也很深，城里的兵器也很坚利，粮食也多。可是城却守不住，自己弃城而去，那就是地利不如人和啊。所以说，限制人民不必靠国家的边界，保卫国家不必靠山川的险阻，使天下驯服不必靠武器的锐利。行仁政的人，帮助他的人就多，不行仁政的人，帮助他的人就少。帮助的人少到极点的时候，就连他自己的亲人也背叛他，离开他。帮助的人多到极点的时候，天下的人都归顺他。以天下人都归顺的力量攻打那些亲人都背叛的人，所以仁德之君不战则已，一战必胜。"

历史上有名的武王伐纣,就是一个例子。那时候纣王残暴无道,武王起兵讨伐。武王的军队所到之处,受到人民的欢迎,纣王很快就灭亡了。还有齐宣王五年(前313年),燕国的国君让位于相国子之,激起人民的不满,齐宣王出兵伐燕。燕国的人民也欢迎齐国的军队,燕军竟大开城门,不战自退。

孟子总结了历史上许多经验教训,得出了"天时不如地利,地利不如人和"的著名论断。他的论述有理有据,闻者无不叹服。

孟子在平陆

孟子在齐国时看到齐王对自己的百姓的生活漠不关心,就想找一个机会对他说。

有一次他到了齐国边境的一个地方——平陆,对平陆的地方官孔距心说:"要是你的队伍里的战士一天三次离开自己队伍,你开除不开除他?"

孔距心说:"不会等到三次,我就会开除他。"

孟子说:"但是你像那离开自己队伍的战士一样失职的地方实在是多啊。灾荒年景,你的百姓里老年人的尸骨被抛在山沟里,壮年的人四方走散,有好几千人哪。"

那地方官又说:"这并不是我孔距心所做的事呀。"

孟子说:"有一个人受人委托放牛羊,那就一定要为那些牛羊寻找牧场和草料。要是牧场和草料都找不到,是把这些牛羊还给人家呢还是让这些牛羊都饿死?"

孔距心想了想说:"这是我的罪过啊。"

过了些日子,孟子见齐王,说:"您派去治理都邑的人里,我认识五个人。可是知道自己罪过的,只有孔距心一个人。"

——《孟子》经典故事——

孟子把见孔距心的事向齐王说了,并把他们的谈话也向齐王说了一遍。齐王听了以后说:"下面的官员不称职,百姓的生活不好,都是我的罪过啊。"

孟子就用这个委婉的办法批评了齐王对自己百姓生活、对国家的政事漠不关心的不良行为。齐王只好承认自己的错误。

在另一个场合,孟子还对齐王讲过类似的故事。他对齐王说:"您的一个臣下把自己的妻女托付给他的朋友照顾,自己到外地去旅游了。等到他回来的时候,他的妻女却在那里挨饿受冻。对这样的朋友,该怎么办呢?"

齐王说:"不要这个朋友。"

孟子说:"一个司法官不能管理自己的下属,怎么办呢?"

齐王很干脆地说:"罢免他。"

孟子说:"那么全国的政治很坏,该怎么办?"

齐王一下子明白了孟子原来是在批评他,他无话可说,只好看着左右的人,说着别的事。

大概因为如此,齐王不是很喜欢他,孟子终于离开了齐国。

逢蒙学射

这个故事原出于《左传》。逢蒙是后羿的学生,也是他的家客。他拜后羿为师学习射箭。后羿是夏朝人。特别善于射箭,力大无穷,逢蒙拜到后羿门下,后羿就把自己的本领都教给他。逢蒙学成之后,想天下只有后羿的射术可以超过他,于是和寒浞一起叛变,杀了后羿。

逢蒙艺成害师,历来就为人们所不齿,人们都认为是逢蒙的罪过。但是孟子却说:"后羿也有过错。"

有一次,公明仪和孟子说:"后羿好像没有什么过错吧?"

孟子说:"过错不大罢了,怎么没有过错呢?"他对公明仪讲了一个故事。

孟子说,郑国让子濯孺子带人去攻打卫国,卫国人命令庾公之斯出战,迎击子濯孺子。子濯孺子败退,卫国的国君又令庾公之斯追击。子濯孺子说:"今天我病了,连弓也拿不动了,看来我是必死无疑。"

人们都安慰他说不要紧,他问手下人:"卫国带兵来追我的是谁?"

手下告诉他说:"是庾公之斯。"

子濯孺子说:"这一下我可以活了。"

手下说:"庾公之斯是卫国特别善于射箭的人,你说你得救了,是什么意思呢?"

子濯孺子说:"庾公之斯是向尹公之他学习射箭的,尹公之他是我的学生。尹公之他是一个正派的人,他收的学生必定也是一个正派的人。"

他说完话,庾公之斯就追到了跟前。他看到子濯孺子没有拿着弓,就问:"老师为什么不拿弓呢?"

子濯孺子说:"今日我病了,不能拿弓。"

庾公之斯说:"我射箭是和尹公之他学的,尹公之他又是在您门下学的射箭。我不忍心用老师教的本领去伤害老师。但是今天这事是国家的大事,我不敢因为私情而误了国事啊。"

庾公之斯说完,拔出箭来,在车轮子上敲掉了箭头,射了四箭返回去了。

孟子讲完这个故事对公明仪说:"收徒取友也一定要注意对方的人格道德,如果忽略了这一点,一旦身受其害,受害者自己就一点责任没有吗?"

公明仪点头称是。

孟子说舜

传说舜五十岁的时候,还跑到田野里去向着天空哭诉。万章对这件事很不理解,就问孟子,这是为什么。

孟子告诉他说这是舜怨自己没有得到父母的爱,也是哭诉对父母的怀恋。万章说:"曾子说过:'父母爱之,喜而不忘。父母恶之,劳而不怨。'要是照这种态度,那舜还怨什么呢?"

孟子说:"舜帝一直心里存着一种忧虑,就是没有得到父母的欢心,就像一个穷苦的人没有依靠一样。受到天下人的爱戴,这是人人所期望的,然而不足以解去也不足以消除心里的忧愁;财富,这是人人想获得的,富贵至于占有天下,也不足以消除忧愁;尊贵,这是人人想得到的,尊贵而至于做了君主,可是还是不足以解除忧愁。只有得到父母的欢心才可以消除忧愁。人在年幼的时候,怀恋父母;懂得喜欢女子的时候,便思念年轻美貌的女人;有了妻子,就要迷恋妻室;做了官,便要讨好君主,得不到君主的赏识,心中便焦躁不安。唯有最孝顺的人才终身怀念父母。到了五十岁的年纪仍在怀恋着自己的父母,我在伟大的舜身上见到了。"

万章说:"这么说,舜是一个大孝子了。"

孟子说:"这是没有任何疑问的。"

万章说:"《诗经》上说:'娶妻怎么办,必禀告父母。'舜应该是信这话的,可是他娶妻的时候就没有告诉父母,这是为什么?"

孟子说:"他要是告诉自己的父母就娶不成妻了。男女成婚,这是人伦中的大事,也是自然的事。如果告诉了父母,就耽误了这种人伦大事,也要让父母怨恨。所以他不事先请示了。"

万章说:"原来是这样的。舜不告诉父母而娶妻,我知道是怎么回事了。可是尧帝把女儿嫁给舜,也不告诉舜的父母,这是为什么?"

孟子说:"尧帝也知道,如告诉舜的父母,舜就得不到妻子了。"

舜从一生下来,父母就不喜欢他,到他长大,他的父母又要时时想谋害他。有一次,舜的父母让他去修缮谷仓。舜知道他的父母没安好心,可是他不能违背父母之命,还是上去了。待舜上了谷仓顶上,他的父亲便从下面把上谷仓的梯子抽掉,并放火烧了谷仓。幸好舜早有准备,想办法从上面逃了下来。他再见他的父母时,也没有说什么,还和往常一样。他的父母见这一次没有谋害死他,就又想了一个阴谋,让舜去淘井。舜也没推辞，就下了井。但是他知道他的父母迟早要用这井来谋害他，他早早就做了准备，在那井里挖了一个偏井，他的父母并不知道他可以从那偏井里出来。舜下到井里，他的父母就用土把那井掩盖了。他们都以为舜一定是死了。舜的兄弟象说："谋害舜都是我的主意，如果他死了，我就可以把牛羊分给父母，谷仓分给父母。干戈归我，琴归我，弓也归我。两位嫂嫂替我整理床铺。"舜的两位妻子是尧帝的女儿，象说这些话，实际上是想把两位嫂嫂霸为他的妻子。

可是当象走到舜的住处的时候，却看到舜好好地坐在床边弹琴。象大吃一惊，但是他还装出什么也不知道的样子对舜说："哎哟，我好想你呀！"

不管他说什么，神情上却一点也不自然。舜却对他说："我惦记着好些臣民百姓，你来帮助我管理一下吧。"

万章讲完这个故事，问孟子："我就不清楚，难道舜就不知道象要谋害他吗？"

孟子说："为什么不知道呢？象忧愁，他也忧愁；象高兴，他也高兴。"

万章不解地问："那么舜的高兴是装出来的吗？"

孟子说："不是。我也给你讲一个故事吧。从前的时候，有人把一条活鱼送给郑国的子产，子产就让管理池塘的人把那条鱼放在池塘里养起来。那人出了门却把那条鱼煮着吃了。他把鱼吃了，却回来报告说：'我刚把它放到水里的时候，它还是半死不活的样子。过了一会儿，它就摇着尾巴舒展开来，一瞬间就在深水里消失了。'子产听到他的报告，高兴地说：'这下好了，它到了好地方了，它到了好地方了，那地方正是它应该去的。'那人出来以后，对人说：'谁说子产聪明，我已经把那条鱼煮着吃了，我骗了他，他还说鱼到好地方了。'所以说对待君子，可以用合乎情理的方法来欺骗他，难以用不合乎情理的诡诈来蒙蔽他。就说舜的弟弟象吧，他装出了一副敬爱兄长的样子，那么舜也就真相信了他并且还高兴起来，怎么会是伪装的呢？"

后来，舜做了天子，却把象封到一个叫有庳的地方当诸侯，也可以说是流放吧。对此，万章也很不理解，就问孟子："象每天想杀害舜。舜做了天子，却只把他流放到一个地方，这是为什么？"

孟子说："这是封他为诸侯，也可以说是流放吧。"

万章说："舜流共工于幽州，放驩兜于崇山，杀三苗于三危，诛鲧于羽山。这四个人都是罪人，杀了他们天下人也服，因为这是诛杀不仁的人。象那样不仁，却把他封在有庳，有庳那个地方的人难道有罪吗？仁人就是这样做事的吗？对他人就杀之，对自己的弟弟就封之。"

孟子说:"仁人对于他的弟弟,不藏匿自己的怒,也不记恨,这是因为亲爱自己的弟弟啊。亲他就想让他贵,爱他就想让他富。把他封到有庳,是让他富贵。舜自己为天子,弟弟为平民,可算是对他亲爱之至了。"

万章问说:"或者说就是流放,是什么意思?"

孟子说:"象不可能在封给他的那个国家里有所作为,天子使别的官去治理而把臣民们纳来的税交给象去享用。这就是流放的意思。怎么能让他去虐待那里的人民呢?天子常常想见到象,那么象就可以常常到朝中去,因为他不必在他的封地里办理政务。这就是说,不等象来进贡,以谈政事的名义就可以常常接见他。"

后人叹道:"圣人不以公义废私恩,也不以私恩害公义。舜对于象,真是仁至义尽了。"

人皆可以为尧舜

有一个叫曹交的人,问孟子说:"人人都可以成为尧、舜那样的圣人,有这话吗?"

孟子答道:"有的。"

曹交问道:"我听说文王身高一丈,汤王身高九尺,现在我也有九尺四寸多高的身体了,却只能吃饭而已。照这样我怎样才能成为尧、舜那样的圣人呢?"曹交一副很发愁的样子。

孟子却很轻松地说:"这有什么困难呢?也照尧、舜那样做就是了。假如有一个人,连只小鸡也提不起来,真可以说是一个毫无力气的人了;如果可以举起三千斤,那可以说是一个很有力气的人了。但是能举起秦国的大力士乌获所举起的重量的,也只有乌获自己了。人怎么以不能胜任而忧愁呢?只是没有去做罢了。慢慢地走在长者后面的叫作悌,快步跑在长者前面的叫作不悌。慢点走,不与长者抢道,这是人所不能的吗?只是不那样做罢了。尧、舜之道,讲的不过是孝和悌罢了。你穿尧的衣服,说尧的话,像尧那样行事,就像尧一样了。你穿桀的衣服,说桀的话,像桀那样行事,就像桀一样了。"

曹交说:"我想面见邹君,向他借个住的地方,情愿留在您的门下听取教诲。"

孟子说:"正确的学说和主张就像大路一样,难道不易知晓吗?只怕人不去寻求罢了。你回去探求它吧,老师多得很呢!"

舍生取义

孟子说:"鱼,是我想得到的;熊掌,是我想得到的。若二者不可能同时都得到,我便舍弃鱼而要熊掌了。

"生命,是我所企求的;义,也是我所企求的。在二者不可都得到的情况下,我舍弃生命而取义。

"生命本是我所企求的,当所企求的东西比生命更重要的时候,我就不去苟且偷生;死本是我所厌恶的,当所厌恶的东西比抛弃生命更让人难以接受时,有的祸患我就不去躲避。假如使人们求得生存的欲望大于一切,那么所有可以求生的手段,为什么不去使用呢?假如人们所厌恶的事物没有超过死亡的,那么所有可以避免祸患的事情,为什么不去做呢?但是,有的人由此而行,便能免祸患,却不去干,所以令人企求的东西有大于生命的,令人厌恶的东西有超过死亡的。并不仅是贤人才有这种心,人人都有,不过贤人能持而不失罢了。一筐食物,一碗汤菜,得到就能生存,没有就会饿死,如果鄙视地呼喝着给人,就是过路的饥人也不会接受;践踏过再给人,就是乞丐也不屑一顾;但对于万钟的俸禄，有的人竟不问是否合于礼仪，就欣然接受了。万钟的俸禄能给我增加什么呢？为了用来建造华美的宫室，供奉妻妾的享乐，接济穷困朋友使他们感激自己的恩惠吗？过去舍弃生命而不接受的，现在为了宫室华美而这样做；过去舍弃生命而不接受的，现在为了穷困朋友对你感激而这样做。这些远不如生命珍重的事情，不可以就此住手吗？这就叫失却了他的本性。"

有一个叫淳于髡的学者有一次和孟子谈话，说到孟子在齐国许多年，且人在三卿之中，名实未加于上下之间而去之。就是说，他上不能止君，下没有济民，却离开了齐国。说到这里，他用一种讥讽的口气问道："仁者从来就是这样的吗？"

孟子给他举了好多例子，说明他自己的志向。但是淳于髡还是不信，说孟子就是在齐国待下去，也未必就能有什么作为。还说世上没有什么贤者，要是有的话，他一定可以认识。言下之意，是说孟子也不是什么贤人。

孟子也没有办法再说什么别的话，只好说："君子的作为，人们从来就不会认识到的。"

孟子说的那一通舍生取义的话，大概就是表白自己的心迹吧。

有一个叫景春的人，闲来无事，便发议论说："公孙衍、张仪难道不是大丈夫吗?他们一发怒,天下的诸侯都害怕。他们要是平静下来,那么天下也就平静了。"

公孙衍,是何许人也?他是魏国人,是战国时期著名的说客,据说他曾佩过五国的相印,也就是说他做过五个国家的宰相。张仪,也是一个魏国人,更是一个说客,他曾游说六国连横以亲秦国,据说,他曾带过六国的相印。

针对于此,孟子说:"立身要立在'仁'上,做事要符合于礼,生要为'义'而奋斗。自己得志时要和人民一起得志;不得志时,自己要走自己的路。富贵不能让自己的心志凌乱,贫贱不能让自己的心志转移,威武不能让自己的心志屈服,这才是真正的大丈夫。"

如此看来,公孙衍、张仪之流就不能算是真正的大丈夫,他们一天到晚四处游说。今天他们可以让秦攻楚,明天他们可以让齐伐魏,他们的志向没有一个一定的方向。他们只是根据自己的利益来决定他们的行动,照孟子的观点,他们的确不能算是大丈夫。

冯妇搏虎

有一年,齐国遭了饥荒,遍地都是灾民。一个叫陈臻的人对孟子说:"国内的人都以为老师会再度劝齐王打开棠地的仓库来救济灾民,大概您不会这样做了吧?"

此时,因为齐宣王不重用孟子,孟子也准备离开齐国。听了陈臻的话,他给陈臻讲了一个冯妇搏虎的故事。

晋国有一个人叫冯妇,这个人力大无穷,善于赤手空拳和老虎搏斗并能擒拿老虎。有一次晋国一个地方出现一只大老虎,当地的官员们找了好多的猎户打那只老虎,但都没有打死,反而猎户被伤了好多。有人就推荐冯妇。晋国的国君亲自召见了冯妇,派他到那个地方去把那只大老虎捉了。冯妇说这有何难,捉了就是了。冯妇到了那个有老虎的地方,让当地的一个差役领路,往老虎出没的地方走去。刚刚走到一个山口,那个差役不敢再走了,冯妇说:"有我在你怕什么呢?放心走好了。"但是那个差役不敢相信冯妇空手可以捉得老虎,说什么也不敢走了。冯妇就一个人向山里走去。

冯妇走到山里,山里一点声音也没有。他想老虎一定还在睡觉,他要把它唤醒再打,那才能显出他打虎的本事。他学着老虎的叫声长号一声,果然一只大老虎一下子就跳出来,直扑向他。只见他不慌不忙,迎着老虎上去,只把手那么一搏,就把那只大老虎按在地上,不管老虎怎样挣扎,还是逃不出冯妇的手掌。冯妇把那只老虎活活地捉了,献给晋国的国君。晋国的国君重重地赏了他,还给他封了一块地。

冯妇为山民们除害,他被敬为英雄,许多人跟着他学习本领。但是冯妇却不为当时的那些士人们喜欢,他们说他是一个莽夫。后来,冯妇听到那些士人们讥笑他,便不好意思再去和老虎搏斗。他不打虎了,士人们便说他变好了,并且还把他作为自己的榜样。

有一次,冯妇外出,路过一个地方,见好多人正追着一只老虎,那老虎见人多,也不敢和人斗,一直跑到一个山脚下,自己背靠着山脚,和人们对峙着。人们谁也不敢走近老虎,怕老虎伤了自己。这时候,有人发现了冯妇,快步去迎接他,请他来打虎。冯妇看到那么多的人不敢走近老虎,就下了车,向老虎走去。他把老虎制服了,人们都向他欢呼,可是那些士人们却认为他已经不再打虎,却又打了起来.不能把一种品德坚持到底,就又开始讥笑他。

孟子说这个故事的意思就是他已经准备离开齐国,

齐宣王也不重用他。这时候他再去向齐宣王说什么，就会像那个冯妇改不了打虎一样，遭到士人们的讥笑。孟子在讲述这个故事的时候，既是把自己誉为不被人理解的"冯妇"，也同时批评了齐宣王的"苛政"。

―――《孟子》经典故事―――

明堂之论

齐国有一座明堂,所谓明堂,就是古代的时候,人们用来祭礼的堂殿。有人劝齐宣王把它毁掉,齐宣王对此也拿不定主意。于是他向孟子求教,请孟子给他出一个主意。

孟子说:"明堂是什么呢?是有道德而能统一天下的王者的殿堂。您如果要实行王政的话,就不要把它给毁了。"

齐宣王说:"实行王政的事,我可以听一听吗?"

孟子正想利用这个机会给齐宣王好好讲一讲王政,听到齐宣王的请求,当然很高兴,就和他说:"从前周文王治理岐地,对农夫的税率是九分抽一;做官的人可以世代承袭俸禄;在关卡和市场只稽查,不征税;湖里可以任意捕鱼,没有禁令;对犯了罪的人,只惩罚他本人,不株连家属。老了没有妻子的人叫鳏夫,老了没有丈夫的人叫寡妇,没有儿女的人叫孤独者,死了父亲的儿童叫孤儿。这四种人是世界上最穷也是最没有依靠的人。周文王实行仁政,决定最先照顾他们。《诗经》里说得好:'有钱的人生活没困难,可怜那些无依无靠的人吧！'"

听了这一席话，齐宣王说："这话说得真好！"

孟子以为他说的是真心话，就问他："您如果认为这话好，那为什么不实行呢？"

齐宣王想了想说："我个人并不吝啬钱财，但是国家太穷，又要备战，实行起王政来怕有困难。"

孟子一听齐宣王的话，就知道齐宣王是在找借口，不想实行王政，就批驳他说："《诗经》里说：'粮食堆满仓，用来做干粮，还装满行囊。百姓安居国威扬。箭上弦，弓开张，梭镖大斧都上场，浩浩荡荡向前方。'大王如果能和老百姓一道艰苦奋斗，把有限的钱用于百姓生计，您实行王政有什么困难呢？"

齐宣王又想了想，说："我有个毛病，喜爱女人。"说完他想，孟子总不能让老百姓和他一道喜爱女人吧。

孟子说："从前的时候，太王也喜爱女人，十分娇宠他的妃子。《诗经》里说：'古公亶父清早骑着马，来到岐山下。视察民众的住宅，姜女始终伴随着他。'在那个时代，既没有找不到丈夫的老处女，也没有找不到妻子的单身汉。大王喜爱女人并不错。但应当让老百姓一道喜爱，这样您实行王政又有什么困难呢？"

齐宣王没有想到问孟子一个是否毁明堂的问题竟引

出这么一大篇关于王政的话来，看来明堂毁不毁不是一个大问题，是否实行王政才是一个大问题。怎么对答孟子呢？他一下也没有想出来，只好留着以后再说。那一次谈话就那样结束了。

齐王问卿

有一天,齐宣王和孟子在一起谈话,大概还喝着酒吧。齐宣王想问一问孟子对卿有什么看法,就问孟子:"您对卿怎么看呢?"

孟子问:"您问的是什么样的卿呢?"

齐宣王说:"卿都是朝里做官的,他们还有什么不同吗?"

孟子说:"有不同。他们虽然都是在朝里做官的,但是他们中间有和王室是同宗族的,有不和王室同宗族的,所以说他们不一样。"

齐宣王说:"那我就问和王室同宗族的卿吧。"

孟子说:"这一种卿应该是这样的。君王有重大错误,他就要劝阻;反复劝阻还不听从的话,那就把君王废掉,改立别人。"

齐宣王一听就变了脸色,好像孟子说应该被废掉的那个君王就是他。孟子看齐宣王变了脸色,说:"大王不要奇怪,您这样问我,我不敢不拿老实话回答您。"

齐宣王想了想,孟子说的也没什么不对,脸色慢慢地正常了,情绪也缓和下来。过了一会儿,他向孟子问那种不和王室同宗族的卿是怎么回事。

孟子说:"君王如果有错误,他就要对君王加以劝阻。反复劝阻,君王还是不听从,那么他就自己离开这个职位。"

事实上,孟子自己就是这样做的,他在齐宣王那里做了一些日子的卿,他向齐宣王反复宣传他的仁政和王道,但是那时候齐宣王正热衷于他自己的霸业,对孟子的那一套东西不感兴趣。孟子见他的观点不被齐宣王接受,就自己离开了齐国。

《易经》经典故事

关于《易经》

在科学技术极速发展的今天，举目书林学海，各式典籍可谓多矣，但是，迄今为止，可以说世界上还没有哪本书像《易经》那样深奥难测，也没有哪本书像《易经》那样魅力永存。《易经》作为四书五经中的一部，确实有其独特的价值。如果上溯几千年，我们可以发现，《易经》在中国古籍中的地位确实莫与可比。它作为大道之源，对中国乃至世界的哲学、文学、史学、天文、算术、兵法都产生过巨大影响。可以说，无论中国人还是外国人，要想了解中国、了解中国文化而不读《易经》，那只能是盲人摸象。但是，我们又必须看到，由于《易经》本身被一层厚重的"占卜专用经典"的神秘所笼罩，再加上几千年来被各色附会者堆积的许多荒诞故事所掩盖，《易经》的艰涩深奥和难以理解也令许多人对它望尘莫及或敬而远之。可以说，时至今日，读《易经》者不少，而懂《易经》，可以破译神秘，注以科学的人却并不多。故此，我们今天把与深奥的《易经》有关的几个故事介绍给大家，以冀对于广大读者有所裨益。

说《易》不易

说《易》不易,是说这部伟大作品的产生确属不易,也是说时至今日,关于它的作者是谁可以说仍无定论,而要想有个公认的结果,怕也是"不易"。

一般来说,学术界都认为《易经》的形成本身就是一个漫长的过程,它并非出自一人之手。据《系辞传》,八卦的发明者为伏羲,而又有人认为,是神农或夏禹发明了六十四卦,而司马迁历经考证,则认为六十四卦的专利应归周文王。而对于卦爻辞的作者,则有人认为是文王所作,有人认为是文王与周公的系统工程。如果纵观各家之言,我们可以大致推断出八卦和六十四卦的创制,至少在西周以前。而《易经》的作者则一般都认为是孔子,至少是经过孔子之手考订而成。如果我们引用《汉书·艺文志》上的说法,那就是:"《易》道深矣,人更三圣,世历三古。"《易经》的历史确实源远流长。

八八生卦

八卦的诞生，其实并不源于《易经》，而是远在"易"之前的"八索"。什么是八索呢？就是用八条牛毛绳摆在地上，巫师抖动牛毛绳，视其变化而预测吉凶。又据传说，八卦为伏羲氏发明，而伏羲则是根据传说中的洛河神龟所背负的"洛书"和黄河中的神马背负的"河图"而创制的。所谓河图，主要是确定了东西南北中五个方向和金木水火土五行之数；而所谓洛书，则主要是分清了阴阳异数。而伏羲正是从"河图""洛书"和"八索"中得到灵感，用阴（— —）阳（——）两种符号三重叠，从而构成了八种图像，这就是"八卦"。

后来，商朝末期，被纣王软禁在一方僻壤的姬昌（周文王）潜心研究"八卦"，又将八卦中的各卦重叠演化，从而创立了八八六十四卦，并分别为它们定了卦名和卦辞。文王死后，他的儿子周公（姬旦）又在文王八卦的基础上做出"爻辞"，用来解释各爻含义。于是，一部完整的《周易》出现了，它迄今为止依然是《易经》的主要内容。

诸葛遁甲

关于《易经》六十四卦，其中充满变数，我们并不在此一一阐述。我们所要讲的，是有关《易经》的一些故事。

三国时，诸葛孔明用兵如神，每每神机妙算，总可料敌如神。据说，诸葛亮之所以有此奇功，就在于他曾经根据六十四卦的原理，发明了奇妙无比的行兵遁甲图。以此图行兵布阵，足以敌雄兵十万，故称为兵家奇宝。

诸葛武侯之后，据说此图失传多年，直到南宋初期，金人南侵，大兵犯境，在国难当头之际，民间有人仰慕岳飞抗金坚定，战功卓著，这才把失传多年的行兵遁甲图呈献岳飞。岳飞熟读之后，果然如虎添翼，连战连捷，据说就连岳飞大破铁甲连环马的兵器阵法都是受此图启发而制定的。这也说明《易经》在古代对于兵家胜战也是十分重要的。也正因此，历代诸多兵家，如郭子仪、戚继光，甚至曾国藩、左宗棠等也多为易学大家。

袁李同工

说到《易经》,就不能不提起唐代两位最有影响的易学大师袁天罡和李淳风。此二人皆为唐太宗的御用易卜大师,同时又是著名的天文学家。他们在《易经》的研究和应用方面可谓各具成就,但同时又互补互促,相得益彰。

有一次,袁李二人随唐太宗一同来到河边。正巧看见两匹马一红一黑也在河边嬉戏,太宗突发奇想,要两位大师卜一下,此二马哪匹先要下水。

袁天罡卜得一卦为离卦,离为火,为南方为赤色,故当即断言:"红色之马先下水也。"

而李淳风却摇头否定,他说:"火未燃时烟已起也,烟为黑,黑马先入水也。"

太宗兴致大发,稍等片刻,果见是红马先将嘴伸入水中饮水,而首先跃入河中洗澡的却是黑马。太宗大笑,连称二位神机妙算,竟然卜出个"双胜"的结果。而事实上,袁李二人只是由于配合默契,才得此结论的。

《易》与科学

已有数千年历史的《易经》流传到今天,其被人们刻意笼罩的神秘已逐渐被破解,而其原本包含的科学思想也越来越被人们发现并运用到现代的科学中去。

由八卦方位制定的罗盘,不仅给航海家指引了方向,成为必备之物,也成为新型航天航空事业的必备之物。

现代数字与计算机的基础,同样源出《易经》,二百年前,德国著名科学家莱布尼茨正是从朋友送给他的《易经》八卦中发现了已有几千年生命的"二进制",并于1701年探讨了"八卦图与二进位制数的关系"。从此,中国古老的《易经》与几百年后飞速发展的计算机连在了一起。也正是由于《易经》对当代数学的巨大贡献,不少西方学者提出,应给予它世界数学史的至高地位。

《尚书》经典故事

关于《尚书》

《尚书》者,"上书也"。它是我国最早的历史文献汇编,最初只叫《书》,后来的"上"字("尚")据说是孔子加的,意思是记述上古以来的事情的书。

《尚书》汇集了上古帝王的誓词、讲话、文告以及政府的典章制度,经孔子删定为100篇。秦时焚书,虽说有人保存也仅存28篇。后有人多次加入共达58篇,但经考证,原著仅33篇,余皆伪作。

《尚书》的内容,包括《虞书》《夏书》《商书》《周书》四部,极类似于后人所撰史书,虽不能全信,但起码有很重要的参考价值。

——《尚书》经典故事——

尧舜禅让

传说中古代最早的一位伟大君主是尧帝。他的号叫放勋,他天性聪慧,处事谨慎,明达文雅,独具谋略且恭谦温和。他极善于团结各方人士,部下职官都能尽职尽责。对外,尧帝通和友邦、尽建和睦,从而使中华大地到处充满祥和景象。

尧在世时,曾做了好多大事,这些都是为子孙万代造福千秋的事业功德。首先,他命令羲氏与和氏这两对能通晓星学天象的兄弟制定历法。这两对兄弟分工有方,羲仲位在东方,羲叔居于南方,和仲位在西方,和叔居于北方。四人各相居千里之遥,昼夜不息,尽视日月星辰之变化、春暖秋寒之规律,又记载四时农禾,来往候鸟,阴晴雨雪,各种变换。历经十数载后,四人把总结出来的所有数据上报于尧。尧说:那就以三百六十六日为一年。同时为更精确地弥补岁差,创制了闰月制。这在全世界也是最早最科学的历法了。

尧帝所办的第二件大事是确立了贤者禅让制度,选择了一个仁德、智慧的接班人,这就是舜。

本来,尧在位七十年,功业满天下,尽管年事已高，却精神不老，身体硬朗，完全可以再干几年，但尧却决计隐退，寻找一位年轻人来接班。关于这件事，好多人推荐尧的儿子丹朱，认为丹朱聪明能干、出身不凡，威望非他人可比。可是尧却摇头："唉，你们是看我的面子吧。我的儿子我知道，说话时欠考虑，又好与人争论，他团结不住部下的。不能做君主。"

又有人说："共工这个人有胆略、敢干大事，历来有雄心，让他干怎么样？"尧还是摇头："他确实说得不错，但往往阳奉阴违，貌似恭谨，实则怠慢天神。这样的人怎么能做领袖呢？"

这时，连续的洪水造成了对农业的极大危害，有人推荐鲧为尧的接班人，尧说："好吧，要做接班人就先去治理洪水，如果成功了，回来再任命不迟。"然而，鲧这个人虽有志气，却实在没有更多的办法，治水九年，无功而返。

尧越发感觉到寻找接班人的必要了。为了扩大候选者的范围，尧传令打破以前只在官僚贵族中选人的传统，不论出身贵贱、职位高低，唯贤是举。有人说："有一位出身低贱的青年名叫虞舜，他是盲者之子，其父很糊涂，其母谈吐荒谬，他的弟弟又是有名的无赖，然而舜却能与他们和睦相处，并且以孝行美德感化他们，使他们改恶从善，不去作奸犯科。这个年轻人，应该说是很有德行了吧。"

尧对舜很感兴趣,为了具体考察,他决定把两个女儿嫁给舜。与此同时,命令舜接任沩水一带的地方长官职位。

舜双喜临门,但并不恋于儿女私情,而是积极负责地向百姓推广德教,并昭彰告示以父义、母慈、兄友、弟恭、子孝这五典为君子的行动准则。由于舜的模范行为,在他的治理下的地方呈现一片欣欣向荣、欢乐升平之气。

再说尧帝,接到女儿报回来的信息,很是高兴,于是任命舜为首席大臣,总理百官。舜在这个位置上又干得非常出色,就连周边国家的使者也对这位年轻的接班人肃然起敬。

舜终于顺利通过了三年考察。这年正月初一,在尧的一再坚持下,舜不得已在尧的太庙接受尧的禅让,登基大统。从此,中国上古时代的社会发展又进入了一个新的高速发展的繁荣时期。

大禹治水

禹是舜选的接班人。禹被舜选中的时候舜还不到老年,但当时有一件大事急需有一位极干练的人去办,这就是治理延续多年的滔天洪水。根据四方诸侯的推荐,舜把这一艰巨的任务交给了禹。禹略整行装便上任走了。

为治理洪水,禹做了大量的调查研究,而后报经舜帝,把天下山川土地划为九州,治水工作也就分成九个体系顺而治之。

冀州,乃王城所在,治水工作当然从这里开始。第一个重大工程是从壶口山开始的。禹打通壶口,为滔滔黄河找到了一条奔腾千里的出路。然后就去治理梁山和岐山。修整好太原一带后,又去治理太岳山的南坡,顺便梳理出了治理沁河、漳河的头绪。这时便可发现,洪水退后,整个冀州的土壤以白而柔软的土质为主,适合各种农作物生长,国家税赋也当从此广有来源。由于河道的开通,各地的朝贡之物也可通过黄河用船运来。

兖州,指济水与黄河之间的大片沃野。禹历经三年,疏通了这个地区黄河下游的九条支流,把庞大的雷夏泽也治理成湖泽。洪水一退，百姓便在肥沃的土地上种养桑蚕庄稼，人们也从高岗上搬迁下来，大平原上人烟渐密，繁华日盛。同样由于河流的畅通，大船由海而可直达内地，地方特产漆、丝织品皆可运达王城。

青州，包括渤海和泰山之间的山川土地。禹首先治理了此地的丘陵积水，淮水、淄水也全部疏通。洪水退后，也是一片肥田沃土，且沿海地区大都产盐，渔业资源极为丰富。各色各样的地产品，如丝、麻、船、松、怪石皆可经大海入黄河。

徐州，指渤海、泰山和淮河之间的山川。禹的治水大多先从淮河入手，顺便治理了沂水。于是，蒙山和羽山一带便可以种庄稼了。大野泽则用来容贮四周的积水，皆可养鱼。洪水退后，但见此地土壤发红，极有滋养之力。地方特产亦极丰富，五色土、百鸟羽、桐木、珠宝，皆可由淮水、泗水远泛巨舟于黄河。

扬州，是淮河与大海之间的大片地方。由于彭蠡泽储蓄了大量洪水，且三江之水已入海，此地竹林遍地，树木葱茏。在物产上，非但农桑极佳，且有金、银、铜矿、美玉、象牙、犀牛皮等，皆上等贡品。而橘子、柚子也为北方罕见。而由于水利的开通，现在运输这些珍品入宫已不是困难的了。

荆州，指衡山和荆山南面的地方。长江、汉水向此奔流大海。由于支流很多、水势极大，禹有重点地先疏通了沱水、潜水，使得浩大的云梦泽附近的土地可以耕种，粮荒问题便不存在。此地物产极丰、无所不有，现在水路运输一通，运输也就不困难了。

梁州，指华山以南和黑水之间的山川。岷山和蟠冢山经治理已可以种庄稼了，沱江和潜江也疏通了，此地的汉族和夷族居民和睦相处，农副生产极具规模。野生动植物又极丰富。经过治水，人民不再惧怕十分难走的山路和峭壁，畅通的水路已经为他们打通了走向外界的道路。

雍州，指黑水与西河之间的山川。弱水已经畅通，泾水与渭水汇合一处，岐山道路已经打通，终南山一带的水利已经兴建，三苗夷民生活始得安定。此地盛产美玉、珠宝，兼以农桑，不再动乱，由此所通西域各国也都安定下来。

其间十数年，禹从岍山开始，先后治理了荆山、雷首山、太岳山、砥柱山、王屋山、恒山、碣石山。疏通了黄河、淮河、弱水、黑水、汾水、沁水、泾水、渭水等大的河流不下数十，仅黄河即疏导九条支流。从而有层次、有步骤地完成了治水大业，同时确立了九州以内的经济基础。然后，禹又依据不同情况划分了税赋等级,分封了各地的诸侯和行政长官,天下治理,趋于一体。四海之内,德政亦威。因此,当禹大功告成,回京缴命的时候,舜率百官相迎,并授禹一块玄圭,用以表彰他的不世丰功。

盘庚迁都

　　商是在夏的基础上建立的,尽管大禹治水数十年而建立不世丰功,改变了洪水泛滥的局面,但是,此后数百年,战乱频仍,致使无人过问水利大事,河道阻塞,山川道路冲决,洪水滔天的局面再次出现,就连商都也受到了洪水的威胁。在此情况下,商王盘庚决定把都城迁往殷地。但由于迁都势必破坏贵族大臣们已有的许多家业,所以这些人极不情愿,他们四处活动,散布流言,造谣说殷地不祥,天必惩之。

　　盘庚知道这些情况后,就把贵族和大臣召集在一起开始训话。盘庚说:"你们应当明白,迁都是为民众、为整个国家着想,这其中也包括你们的利益。要知道,迁都于殷,这是占卜的结果,是天意,如果不顺从天意,我们是会受惩罚的,正像日月星辰必有运程、春夏秋冬四轮转换一样,迁都是天数。我们的国家创立至今,已迁过五次都城了,这全是先王依照天意的决断,正如同倒伏的大树枯枝长出新芽,国运才能延绵。正因如此,你们身为贵族、大臣的要坚决顺从天意王命,不要造谣惑众。"说到这里,盘庚打了一个比方:"这正如原野上的烈火，一旦引发，那就难以扑灭，造谣者也必毁于谣言。"

大臣和贵族们初时还蠢蠢欲动，听了盘庚这一番既威严又合理的训话，顿时老实下来。他们一致表示，顺从王命，不从者必定会天降刑罚。看到这些人思想统一了，盘庚才命令打造船只，以备渡过黄河。

盘庚知道，不愿迁都的心态不仅存在于贵族大臣之中，也隐藏在普通百姓心中，毕竟，生存了几百年的地方，这里留着他们的祖业和祭祀祖先的地方，于是，他又召集一些老者于朝廷，给他们做开导工作。

盘庚首先表达了迁都的决心，然后说明自己和百姓的利益连在一起。祖宗故地自是留恋，但为国计民生，祖宗也高兴我们迁都。最后，盘庚劝大家不要自讨苦吃。譬如乘船，上船后不愿渡河，而要坐待船的朽烂，这不仅个人要沉没，一船人也都要跟着完蛋。为此，他颁布法令：不准轻举妄动，不准传谣信谣，全体臣民跟着君主一起迁徙，建立新的家园。

在盘庚的带动下，数十万军民行动起来，历时一年，完成了迁都大业。直到军民人等都已安顿下来，盘庚进驻新宫，这才把大臣们又召在一起，发布勤政训导。

盘庚说："新都既定，百业从头，大家千万不可有喘口气的思想，而要带动百姓，尽快完成重建家园的大业。而且，虽然新都不受洪水威胁，我们却不能忘记治理全国的水害。我们之所以震动万民大迁徙，是要恢复先王创立的德行，所以，我们这些人就要孜孜不倦地向忠厚谨慎的目标前进，从而使大家永远幸福地居住在新的家园。"然后，盘庚又为大家制定了重赏重罚的考政条例，使百官深感不得怠慢，唯勤政才是出路。

  盘庚迁都，使一棵即将倒伏的大树重新长出新枝，焕发了新的生命力。

武王伐纣

商自盘庚迁都后，又称殷商。殷商历两百余年而至纣王。纣王无道，不理朝政，宠信小人，迷恋酒色，而且滥杀无辜，妄诛大臣，致使部下离心离德，国力急剧衰退。而与此同时，远在西方的西伯姬昌却励精图治，日益强大起来。西伯的意图，志在中原，但他看到商的势力还大，且基石未彻底动摇，于是便从南边的黎国动手，大小十战，降服了黎人。不仅扩大了地盘，而且锻炼了军队的战斗力。

西伯灭黎的消息传到殷后，大臣祖伊很是恐慌，明知纣王对部下的话听不进去，还是决定冒死进谏。

祖伊说："天子，上天既然帮助西伯日益兴盛，说明上天已在抛弃我们了。而且，目前国内百姓也都希望自己的国家灭亡。这是为什么呢？就是因为大王您太荒淫而沉湎于酒色之中，由于这个缘故，上天才要断送我们的国运。大王，如今趁着上天惩罚大王的命令尚未降下，大王该拿个主意了。"

纣王哈哈大笑，满不在乎地说："西伯，他算什么？我在世上为君主，乃是上天的命令，西伯能把我怎样,百姓又能把我怎么样?"

祖伊知道,再说下去已是无益,只好在纣王与歌女的调笑声中退了出来,不得已仰天长叹道:"大王啊!你的罪恶都罗列在天上了,殷的灭亡,也全是你一手造成的。殷商灭亡,为期不远了。"

祖伊进谏的事,在大臣中传播开来,大家都感到末日将临,也有不少人暗中与西伯联系,以图有朝一日留条后路。然而,也有犹豫不决、实在难以抉择的。其中,纣王的庶兄微子启就是一个。要说起来,作为殷商的皇族大臣,实在不忍看大厦将倾而袖手旁观,但目睹纣王的种种恶行,又实在不愿做他的帮凶。何去何从,微子启只好拜访他的父师和少师。

微子说:"现在,殷国眼看是无法再治理四方了。纣王无道,荒淫无度,小人兴起,互仇敌视,贼盗泛滥,兵匪一家,殷的灭亡,就在眼前了。请问,在此关头,我是留朝待命以作殉葬呢,还是避居荒野,保全自身?"

父师道:"我曾劝过你赶快逃走,纣王迟早会加害于你的。现在,还是大家自作打算吧。"

微子听从父师的指点,连夜逃出殷都。

十年以后,姬昌的儿子姬发继承父位,国盛兵强,立志顺从天意,讨伐殷纣。

那是一个甲子元日，天刚黎明，武王（姬发）就来到商都郊外的牧野，在那里率领军队作出征前的宣誓。

武王威风凛凛，左手拿着一把黄色的青铜大斧，右手拿着一条白色的牦牛尾巴，对整齐雄壮的大军说："大家辛苦了，我的从西方远道而来的将士们。辛苦了，我尊敬的友邦国君，庸、蜀、羌、卢等诸邦的勇士们，举起你们的金戈，排好你们的坚盾，竖起你们的长矛，现在开始宣誓。"

武王带着十二分的激昂，大声说道："大家知道，母鸡不应叫鸣，而商纣王这个昏君专信妇人之言，抛弃对祖先的祭祀，对大臣残忍无道，致百姓民不聊生。现在我姬发，只有恭敬地执行上天对他的惩罚。今天，在作战前，行进不超过六七步就要停下来，整顿一下队列，在刺杀中，不超过六七次，就要停下来，整整行装头盔。在作战中，你们要像虎豹、熊罴一样，威武雄壮，不屈不挠。但是，如果有人胆小怕死，那就请你趁早躲开，如果有人临阵脱逃，必将军法处置。"

武王大军纪律严明，一路秋毫无犯，第七日，渡过孟津，第十日，在商都城外排好阵势，单等一声攻击令下。然而，由于众叛亲离，朝中良将多不知所去，纣王无奈只得自己上阵，亲率御林军出城决战。

战场上周兵士气高昂，越战越勇，而商的军队士气全无，人心涣散，几乎是一触即溃。武王挥军长驱直进，杀入殷都。殷商自此灭亡。

武王当政，继承先父文王之德行，在周公的辅佐下，制定出一套完整的礼乐制度，规范了军民人等、文武大臣乃至王公贵族的行动礼仪。

为了安定大局，武王不仅重赏分封有功人员，同时还对殷商旧臣伸出橄榄枝。

初一进城，武王便率众寻找被纣王关押的殷王叔贤臣箕子，并对其以礼宾相待。紧接着，武王下令为殷商名相、被纣王迫害致死的比干重修坟墓。这些行为，大获殷商旧臣及广大百姓好感，到此时，万民归顺，天下合一也就水到渠成了。

武王访贤

箕子被武王解救出狱后,归隐山林,修身养性。但武王却对箕子的仁德仰慕日久,很想找个机会与他长谈。

灭商的第二年,武王总算抽出工夫,于一天早上只带几名随从进山寻访箕子。

在一座清静而优雅的小院子里,箕子清茶一杯,接待了武王。寒暄之后,武王首先说:"箕子,按说,上天是保护世间民众的,要求百姓互相和睦地生活在一起。我不知道上天使世间民众安居乐业的常理究竟有哪一些,故此请教您。"

箕子先是谦让一番,而后说:"我先从上古时候的事情说起吧。尧命鲧治水,鲧不疏水道而用堵塞的办法治理洪水,结果扰乱了五行规律,上帝于是大怒,不过多时便使他遭受流放的惩罚。禹继承父业,同样治水,但方法不同,他以疏导引流为主,上帝赐给他大法九条。从此治国安民的常理常道才有了眉目。"

武王请教大法为哪九条。

箕子回道:"第一是'五行'定律。水火木金土。

水向下湿润,火向上燃烧,木可曲可直,金可变异形,土可种庄稼。第二是'五事'慎行。貌言视听思。一是态度,二是言论,三是眼光,四是听闻,五是思考。态度要恭敬,言论要正当,眼光要明亮,听闻要清晰,思考要通达。第三是'八政'要勤。八政者,民食、财货、祭祀、建筑、教育、司法、宾客、军事。此八政皆国家大事,亦是立国之本,应当各有所司,各司其事。第四是'五象'时令。一为年岁,二是每年的月数,三是每月的日数,四是观察星辰变化,五是推算历法。此五象,乃掌握农时、举国一统的大事,疏忽不得。第五,则是建立君主至高无上的原则。天子一定要有绝对的权威,同时一定要拥有五福美德,从而以身作则,教育民众。天子不可偏私,民众不许结党。天子要视普天下的百姓为自己的子民,也要像普天下的父母一样关怀人民。这才是真正意义上的天子。第六,要掌握三种治理臣民的方法。一是能够端正人的曲直,二是以刚取胜,三是以柔取胜。因为,要想使国家平安康稳,就必须端正人的曲直。对于那些强硬而不讲理的人,必须用强硬的办法制服他;对于偶犯错误的聪明人,则要用怀柔的办法笼络他。软硬兼施,变化有度,是天子治民的必要手段。第七,是要用卜筮的办法来解释疑难问题,预测未来之事。对于占卜,可信,但不能全信,例如三人占卜，听从二人相同之说。遇到重大问题天子要向多方面了解情况，集思广益，再作权衡。第八是要注意各种征兆。雨、晴、暖、寒、风，气候常有变化，影响万物生长，但君主行为的好坏，往往通过气候变化有所征兆。天子观察气候，其实也是一种自我检点的办法。第九，五种幸福。一是长寿，二是富足，三是健康安宁，四是修养美德，五是老而善终。天子应当为子民造就五福。另外还有六种惩罚，一是横死夭折，二是久病不治，三是忧愁难解，四是贫穷不堪，五是丑陋毁形，六是懦弱不振。天子也应当以此六恶告诫天下，劝民向善，普结善果。"

箕子一气讲完大禹九法，武王条条牢记，感慨颇多。末了，武王恳请箕子出山以助己一臂之力，箕子坚辞不赴，武王只好作罢。但是，箕子所述九条大法却条条体现在武王后来的德政之中。

金縢祝册

武王灭商的第二年，身体经常有些不适，进而卧床不起。太公和召公商量以后，想为武王占卜，以示吉凶。周公却不同意，他说："只是占卜，怕是还不能感动我们的先王，现在应该筑坛祭奠先王啊。"

于是，周公亲自主持，在一块祭礼专用地上筑成三座祭坛。三坛南边又设一坛，周公面向北方的三座祭坛，立在南边的坛上，安放上玉璧，手里拿着玉圭，然后行大礼向太王、王季和文王祈祷。

史官把周公祷告的言辞记在祭祀典册上，周公说："三位先王，你们的长孙现在遇到了十分厉害而险恶的疾病。你们实在有责任保护他呀。如果有什么惩罚必须降下的话，那就用我的身体代替吧。我本人多才多艺，足以侍奉先王和鬼神。而武王他是受了上天之命，来保护你们的基业，治理天下的。他已经受到了百姓大众的尊敬，国家和人民都离不开他啊！假如你们答应我的请求，我就把璧和圭这两种珍贵的玉器献给你们，如果你们不答应我的要求，那我就把璧和圭收藏起来。"

祷告完毕，周公才叫太公占卜，三只龟甲都显示了吉利的征兆,再看卜辞,也是祥和吉利。周公很高兴,对史官说:"看来,大王不会有什么灾害了。我刚刚从三位先王那里接受了命令,我们应当考虑如何才能使国运保持昌盛。"

周公回朝而去,临行嘱史官把祷告用的简册拿金属绳子扎起来放在柜子里。第二天,武王的病果然好转许多。

又过了几年,武王终于久病不愈,随先王而去了。武王一死,管叔和他的几个弟弟等皇亲国戚就在镐京以内散布谣言,说成王年幼,不能主政,而周公旦大权在握,尾大不掉,肯定把成王当作玩偶,时长日久,成王王位难保了。

周公也有许多耳目,管叔他们的谣言很快就传到周公那里。周公很是气愤,召来太公和召公说:"现在请你们二位作证,我姬旦,忠君之心可昭天下,为了使国家安定,我首先要对散布谣言的人施加刑罚,不然,我愧对先王在天之灵。"

周公以迅雷不及掩耳之势逮捕了造谣惑众的管叔等人,京城立即安宁下来。这时,东方的部族趁武王初逝,新主年幼,发动叛乱,企图脱离周的管束。周公不辞劳苦,亲自率军东征,历时二年,身经数十战,终于平定东方,大周朝复归平安。临班师前,周公作了一首诗送给成王，诗名曰《鸱鸮》，内容隐含规劝，意思是说成王对屡有越轨之举的管叔、蔡叔等人不能手软，为了国家大事，宁可大义灭亲，也要保全国体。对于这首诗，成王聪明地看出了周公的意思，但他却从内心里并不同意镇压几位皇亲，所以便采取了装糊涂的办法，假借不解诗意，也不责备周公。

这年秋天，五谷全部成熟，丰收在望，即将收获之际，天公突降大雨，电闪雷鸣、狂风怒号，大树都被连根拔起。好多庄稼被风吹得倒伏在地，人们慌恐万分，不知上天为何发怒如斯，或者这是天兆！

成王也很受震动，赶紧和大臣们穿上礼服，跑到太庙去打开用金属绳子捆扎的柜子，观看放在里面的祷告之辞。这时他们才发现，简册上明确记载，周公曾以身许国，情愿代替武王去死。太公、召公和成王忙向史官询问此事根源，史官回答："这是周公命令我们保守秘密，所以我们才不敢把此事说出去啊。"

无论如何，成王绝对没有想到事情的真相竟是如此。他手捧简册，哭泣着说："我们再也没有必要为周公是否忠诚而占卜了。这些年来，周公是我们国家的擎天大柱，可我这个年轻人却听信小人谗言。现在，上天动怒来表彰周公的美德，谴责我的无知了。我已决定率满朝文武出城去迎接周公。他应当享受最高的礼遇，而不应当受人猜忌。"

太公、召公一致表示赞成。成王走出郊外去迎接周公。出城前还是风狂雨骤，一出城马上就大好晴天，一会儿，上天又往相反的方向刮起了风，被吹倒的庄稼竟神奇地重新站了起来。成王大受感动，请太公传命令，要把全部被吹倒的大树也重新扶直，并要在根部培土以加固。

这一年，周公凯旋，成王亲政。

这一年，天下太平，五谷丰登。

东建洛邑

周公东征，确保了周王朝的暂时平安，但是，由于镐京远离东方，而散居隐匿在东方的殷商旧臣还有很多，他们从心底里并不愿意接受周的统治，这些人时时刻刻都在图谋着有朝一日借机作乱，恢复殷商。周公虽然得胜而归，但对于东方的隐患总是牢记在心。为了稳定东方，进而稳定全国形势，周公向成王建议，在靠近东部的洛水边营建大邑，以便居中而治，永保社稷。

商量妥当以后，周公命太公占卜，得大吉之兆。于是，成王七年（前1036年）二月二十六日这天早晨成王大驾出京，往洛水边的丰邑而来。

陪同成王一起到来的有太保召公等许多卜筮专家和建筑工匠。受成王之命，召公设卦占卜，然后经测量而立下标竿。又过三天，召公指挥十万民众正式开工，在洛水北岸开始营建各种建筑的地基。

开工的第二天，周公也从镐京赶到洛水边，他一来就全面考察了新邑，经过一整天的勘察和设计，画出了整个新邑城市建设的蓝图，派人连夜送成王审阅。然后，周公亲自主持了郊祭典礼，用一头牛、一只羊和一只猪作为牺牲供奉天神。

经过将近两年的大兴土木,洛水边上一座崭新而规整有序的皇城即将落成,周公请召公等传檄天下,各诸侯及郡长纷纷前来进贡,奇花异石、名木锦帛把洛邑装扮得漂亮非凡。经过这一番装饰,周公一方面坐镇新邑部署城防治安及与东部各地的联络制约,一方面筹备新邑落成大典。有人主张,今后就留周公坐镇新邑,而成王继续在镐京理政。成王也有意为周公安排一个实际上属于他个人的圈子,因而传话委托周公代王命主持新邑落成祭祀大典。周公却坚辞不受,他说:"建设新邑乃国家大事,目的就是居中开展政务,这么重要的国政我一个做大臣的怎么敢主持呢?而且从长远看,君主又怎能不把可以治国安天下的洛邑作为都城呢?"于是,周公不辞劳苦,连夜进京,耐心劝导成王。成王为周公的明理大义和一片忠心所感动,终于答应前去主持祭祀大典,但又再次恳切要求周公暂住洛邑,以料理东方各地的政务。周公也只好答应。

戊辰这天,成王在周公、召公等一班新老重臣的簇拥下登上设在洛水之滨的祭坛。用一赤色牛祭文王,另一赤色牛祭武王,同时,成王在祷告词中命令史官记载,将周公留守洛邑,代行天子令,并恳请文王、武王、上天诸神保佑周国康泰永安。

《诗经》经典故事

关于《诗经》

《诗经》是我国第一部诗歌总集。早在2 500多年前就已经汇辑成书。应该说，《诗经》是我们中华民族诗歌发展史的光辉开端，也是中国文学史上极为重要的一页。应当指出的是，最早的时候，先秦时期，它本称为《诗》或《诗三百》，后来直到汉代，提倡独尊儒术，这才冠以《诗经》大名，并列为"五经"之一。

从现存的《诗三百》来看，它的创作年代大约在周朝初叶至春秋中叶，即公元前11世纪至公元前6世纪之间。其涉及面之广，几乎包容了当时社会的各个阶层。而从它的实用价值来说，在当时，诗其实是为周代统治者"制礼""作乐"而创作的。因而有人谓之："乐由礼而来，诗因乐而生。"正因如此，《诗三百》在创作方法上也是与其实用性相对照而大有讲究的。一般来说，人们认为《诗三百》有六种作用（当时而言），即风、赋、比、兴、雅、颂。按现代的话说，就是可以歌唱，可以朗诵，可以用作比喻，可以唤起人的思想感情，可以推广特定的标准语言，可以表演。而从《诗三百》的分类上看，在周代，人们就把它分为风、雅、颂三类，而比、兴、赋则只是作为三种艺术手法。这三点实际上也成了后人诗歌创作普遍采用的标准手法。

就"风""雅""颂"的分类来说,"风"是指民间通用的乐曲或歌谣。"雅"是所承夏代乐器为推广官方曲乐而用的,又因古时"雅"与"夏"同音,故其实指"夏"。"颂"则是"镛"的通假字,"镛"者,大钟也。这钟是为跳舞伴奏用的,所以,"颂"实际上是一种舞蹈时唱的歌词。

《诗经》由于其三类不同形式的作品来源于三个不同的社会阶层,因而它们所反映的思想感情也各不相同。

其中,《国风》大多是抒情诗,也有少数政治诗,主要从不同侧面揭示了当时社会的黑暗和人民生活的苦难,同时也有不少作品反映了当时普通人的生活情调,尤其以较多的篇幅反映了妇女的不幸命运。

《小雅》和《大雅》都是奴隶主贵族上层社会举行各种典礼或宴会所用的乐歌,但它反映的内容也不失其真实性和进步性。其中有不少反映了人民生活的苦难,更有不少政治讽喻诗,至今读来,仍觉得辛辣而淋漓尽致。另外,"二雅"之中,表现爱情、妇女问题的诗也占了不小的比重。还有一些反映农牧业生产的诗歌,对于我们认识和评价当时的生产关系和生产力都很有作用。

《颂》基本上是周天子及贵族祭祀宗庙时用的舞曲与颂歌、祭歌,主要是给历代统治者歌功颂德的,其价值较之于《国风》、"二雅"自然大打折扣。

为了使广大读者便于了解这些最古老的诗歌,我们在此以讲故事的形式挑出一些有代表性的作品介绍给大家。

雎鸠知春

《诗经》中第一首诗叫作《周南·关雎》。原诗如下：

> 关关雎鸠，在河之洲。
> 窈窕淑女，君子好逑。
>
> 参差荇菜，左右流之。
> 窈窕淑女，寤寐求之。
> 求之不得，寤寐思服。
> 悠哉悠哉，辗转反侧。
>
> 参差荇菜，左右采之。
> 窈窕淑女，琴瑟友之。
> 参差荇菜，左右芼之。
> 窈窕淑女，钟鼓乐之。

这确实是一首足以传千古的爱情诗。它讲述了一个远古的动人故事。

当春天来临的时候，冰冻的黄河水又恢复了川流不息的奔涌。这个时候，在黄河激流中的一座小岛上，雎鸠鸟正在绿树丛中"关关,关关"地鸣叫着。一会儿,这"关关"之声便由单调变成了合唱,飞来飞去的鸟儿在春意盎然的河中央构造了一幅多么美妙的知春图啊。

黄河岸边,垂柳树下,目睹这雎鸠知春的小伙子陷入了对自己意中人的迷幻世界之中。

眼前的一片黄色,难道是那奔腾的黄水吗?不,我分明看见美丽苗条的姑娘正在一片高低不齐的荇菜地里采菜。啊!美丽的姑娘,你过来哟!连你的一蹲一伏都是那么天然的协调。美丽的姑娘哟!你可知道,我日思夜想,梦中也寄托着对你的渴望。正是由于这思念,我近来每每辗转反侧,夜不能寐。啊,我的心上人哟,过来吧,那光波闪烁的是河水的波涌吗?不,那是你充满神奇的眼睛,你眼睛的每一下闪动,都使我心醉,就连我寄托情意的琴声也被你的秀眉所牵动。我要用我的琴声来和你的歌声,就像这雎鸠鸟的"关关"之声,永不分离,相依相偎。

小伙子沉吟着,似乎那姑娘已走近了身旁。于是,他忘乎所以了,不管那虚幻中的身影如何左摇右摆、如何捉摸不定,小伙子却用足力气伸开双手——他不再弹琴了,温柔表达不了他澎湃的激情,他要把鼓乐敲响,让那喜庆欢乐的鼓乐之声伴随美丽的姑娘和他一起走入洞房。

"关关,关关",雎鸠鸟欢快地鸣唱着,成双成对地飞走了,留给小伙子的,是黄河滩上渐渐升起的晨雾。现实的无情,使小伙子倍感颓然,美丽动人的姑娘啊,你在哪里?

卷耳情思

《周南·卷耳》同样是一首情诗。与《关雎》不同的是,前一首写男子思春,这一首写女子恋夫。

原诗如下:

> 采采卷耳,不盈顷筐。
> 嗟我怀人,寘彼周行。
>
> 陟彼崔嵬,我马虺隤。
> 我姑酌彼金罍,
> 维以不永怀。
>
> 陟彼高冈,我马玄黄。
> 我姑酌彼兕觥,
> 维以不永伤。
>
> 陟彼砠矣,我马瘏矣,
> 我仆痡矣,云何吁矣!

如前所述,这又是一个动人的爱情故事。所不同的是，思念者不是少男而是少妇，被思念者也不是少女而是丈夫，而且很可能是新婚恨别的丈夫。

一个新婚不久的少妇在村头田野上采卷耳。卷耳是什么呢？就是一种春天雨后长出的食用菌。虽然雨后的田野上，尤其是青青的草丛中卷耳很多，但少妇就是没心思采。因为她的心正被远方的人儿牵着挂着。唉！算了，卷耳呀卷耳，我不采你了，放下筐子，让我望一望远方的高山。

是啊，山望不断，路走不断，我的人儿啊你骑着马儿跑啊跑，看那马都腿发酸了，你停一下，歇一下，且把金杯斟满酒，痛饮一杯，不要让我如此思念。唉！心上的人儿，我分明看见你座下那马儿也眼睛迷茫了，可你还是向着高处跑啊跑啊，为什么不回头看一眼牵挂你的人？我期望着你歇下来，且把酒杯斟满酒，让那酒啊解乡愁，解情愁，奔波之中，免得伤怀伤神。

可是，少妇的眼前突然一黑，似乎有什么不祥之物飘过，少妇马上又想到了她的心上人，她在祈祷，可别是我的马儿病倒了不能再跑吧？或者是仆从累倒了，你的事儿将中途搁浅，半道而废？啊，心上的人儿，原谅我对你的思念，我盼你早日归来，可不是咒你中途出事啊！

浓浓的思念，复杂的情怀，使少妇不知所措，采卷耳的事也早忘到九霄云外去了。

新婚祝福

周代是礼乐盛行的年代，婚丧嫁娶都有严格的礼仪。《周南·桃夭》就是一首描写新婚大礼并祝新人美满幸福的诗歌。

原诗如下：

> 桃之夭夭，灼灼其华。
> 之子于归，宜其室家。
>
> 桃之夭夭，有蕡其实。
> 之子于归，宜其家室。
>
> 桃之夭夭，其叶蓁蓁。
> 之子于归，宜其家人。

这是秋风送爽、桃李争艳的大好时光。天湛蓝湛蓝，风轻轻徐缓，一户农家的院子里，张灯结彩，好不热闹。当家的老翁喜气洋洋，接待着前来祝贺的宾朋，持家的母亲忙忙碌碌，正在给含羞待嫁的新娘梳理着头饰。这姑娘好幸福呀，因为她要嫁的是一位杰出的青年，他们青梅竹马，两小无猜，而今心心相印，终成眷属。

红盖头下的新娘，你在想什么呢？啊，你掀起盖头，是在偷看桃树上那硕大艳红的桃子吗？噢，美丽的新娘也是桃子啊，桃子将熟，姑娘也将与青年喜结鸳鸯。

美丽的新娘终于笑了，羞怯怯，喜盈盈，花轿停下，轿帘掀起，焦急的新郎把新娘高高抱起。这是一对多么般配的新人啊，女貌郎才，全家欢娱，就连双方的老人也都笑了，举起酒杯，干杯吧，祝新郎新娘白头偕老，幸福如意！

武士之歌

《诗经》多用比兴手法,《周南·兔罝》就是较突出的一例。这首诗以猎人张网捕兔为喻,歌颂了卫国戍边的战士。

原诗如下:

> 肃肃兔罝,椓之丁丁。
> 赳赳武夫,公侯干城。
>
> 肃肃兔罝,施于中逵。
> 赳赳武夫,公侯好仇。
>
> 肃肃兔罝,施于中林。
> 赳赳武夫,公侯腹心。

秋风瑟瑟,秋雨蒙蒙,秋雨中,机敏的猎手们正在紧张地行动着,打下一根根木桩,张开一张张罗网,单等那偷食的野兔自投罗网。而就在这个时候,秋风秋雨中,列队而去的武士们雄赳赳,气昂昂,走向山口,走向边城,他们也是好猎手啊,出生入死,不愧是公侯用兵的屏障和坚城。

大路口，小山口，一张张兔网密密地镇守着，野兔不敢再来轻易偷食了吧，而那些刀马纵横的勇士们，有你们在，外族也就不敢轻易来犯了。你们不愧是公侯将帅的好帮手。

啊！放远而看，兔网严密如白云，深深的树林中，纵使野兔出没，也不会再作害了。赳赳武夫义无反顾，镇守边疆，是将帅最知心的部下，是卫国最忠诚的军人。

羔羊之皮

周代，等级森严，就连王公大臣、士农工商各色人等穿什么衣服都是有规定的。当然，他们各自不同的经济基础也决定了各不相同的服饰。比如羊皮，尤其是羔羊之皮，就绝非牧羊者所敢奢望。《召南·羔羊》表面上写的是官员们的服饰，实则揭示了他们的奢靡。

原诗如下：

> 羔羊之皮，素丝五紽。
> 退食自公，委蛇委蛇。
>
> 羔羊之革，素丝五緎。
> 委蛇委蛇，自公退食。
>
> 羔羊之缝，素丝五总。
> 委蛇委蛇，退食自公。

豪华的衙门，威严的衙门，出来了三三两两身穿华丽羔羊皮官服的人。这羔羊本是牧羊人养家的本钱啊，可现在它们却只能给官府的公人送温保暖，那放羊的儿童是否冻得哆哆嗦嗦没人理会？这些穿羔羊皮的人却是吃饱喝足，酒海肉山搏击一番才回家去的啊。

你看，那羔羊皮多么漂亮，官服上用真丝织就的纽扣又是多么耀眼，尽管天气已经十分寒冷了，可是这些当官的却解开纽扣，边喝着烈酒边让北风吹着他们烤着火的肚皮。你看他们，一个个摆摆摇摇，又是何等得意！

唉！这个世界太不公平了，穿羔羊皮的人，每天都这样吃饱喝足了才回家睡觉啊，等到睡足睡够了才穿着羔羊皮又去"上班"。

东方未明

春秋时期,诸侯争霸,战乱频仍。战争摧毁了国家经济,战争又需要人力物力,于是官府把灾难转嫁到百姓头上。《齐风·东方未明》就是反映这种现实的诗歌。

原诗如下:

东方未明,颠倒衣裳。
颠之倒之,自公召之。

东方未晞,颠倒裳衣。
倒之颠之,自公令之。

折柳樊圃,狂夫瞿瞿。
不能辰夜,不夙则莫。

齐国近靠海滩,久有鱼盐之利,从大禹治水之后就是一片丰饶富足,人民生活也相对安宁一些。但是,繁复的战争打破了这片安宁,天还没有发亮,官府就来抓差,催伕工作人员就已在窗户外吆喝上了:"快起,快起,开门,开门!"一声声如狼似虎,一个个凶神恶煞。

屋里的人急忙穿衣服，可是，天还黑着，什么也看不清，两条胳膊伸进了裤腿，鞋子找错了地方。

"开门，开门，再不开砸门了。"官员们喊叫着，大头鞋踢向了并不结实的屋门。屋里的人再也顾不得什么，只好胡乱反穿着衣裳走出门来。他知道，官家的抓丁抓差是不可抗拒的。可是此一去的命运是什么呢？还是像前几次一样，为军队搭建寨栅，挖壕筑垒。唉，干活也就罢了，最可怕的是那监工狂暴的皮鞭与不停的辱骂。

被抓的差伕不禁叹息起来："天啊，你为什么还不亮，这黑暗到底还有几时？"

伐木之歌

《魏风·伐檀》是《诗经》中流传甚广的名作之一，曾几次入选我国中学语文统编教材。伐木者对剥削制度的强烈不满和对社会现状的批判，在诗中表现得淋漓尽致。读《诗经》，不可不读《伐檀》。

原诗如下：

> 坎坎伐檀兮，
> 寘之河之干兮。
> 河水清且涟猗。
> 不稼不穑，胡取禾三百廛兮？
> 不狩不猎，胡瞻尔庭有县貆兮？
> 彼君子兮，
> 不素餐兮！
>
> 坎坎伐辐兮，
> 寘之河之侧兮。
> 河水清且直猗。
> 不稼不穑，

——《诗经》经典故事——

胡取禾三百亿兮?
不狩不猎,
胡瞻尔庭有县特兮?
彼君子兮,
不素食兮!

坎坎伐轮兮,
寘之河之漘兮。
河水清且沦猗。
不稼不穑,
胡取禾三百囷兮?
不狩不猎,
胡瞻尔庭有县鹑兮?
彼君子兮,
不素飧兮!

"咚咚""咚咚"的伐木声震荡山谷。

"咚咚"声中,一棵棵高大挺拔的上等优质的檀树倒了下来。那檀树,木质何等坚硬,木材何等沉重,当伐木工把它们从深山里拖出来,一棵棵放置在准备顺流而下的河边时,伐木者一个个都已是筋疲力尽。唉,我们费这么大的劲把这些木材从山上伐倒并拖到这里,可是到头来享用这些木材的人们,那些将入住用檀木盖起的高楼大厦的君子老爷们，不见你们下地耕田，为何一句话就可以收取三百担的粮食？不见你们上山狩猎，怎么就有美丽的皮毛挂满你们的墙头？你们号称君子贵人，其实不都是白吃干饭的废物吗？

伐木者边唱边干活，当成材的檀木顺流而下，来到木器厂，在那里锯开制作车子上的条辐时，伐木者忍不住又一次质问：

那些乘车骑马的贵人啊！不见你们来种田，为何收粮三百筐？不见你们去打猎，为何虎皮垫上床？嘿，你们这些号称君子的家伙呀，其实只知白吃粮。

砍下的檀木锯作条辐，制成车轮，伐木者看着这些用汗水制作出来的精美车辆，止不住再次质问：

那些高贵的"君子"啊，不见你们下田去，为何就有粮送上门？不见你们狩猎去，锅里怎就飞来了鹌鹑？哼！你们这些假仁假义的君子，其实就是吃人肉喝人血、杀人不动手的血吸虫。

——《诗经》经典故事——

硕鼠之谣

《魏风·硕鼠》同前面一首《伐檀》一样,是《诗经》精品中的精品,也曾多次入选中学语文课本。其讽刺之辛辣、寓言之深刻,都堪称典范。

原诗如下:

  硕鼠硕鼠,无食我黍!
  三岁贯女,莫我肯顾。
  逝将去女,适彼乐土。
  乐土乐土,爰得我所!

  硕鼠硕鼠,无食我麦!
  三岁贯女,莫我肯德。
  逝将去女,适彼乐国。
  乐国乐国,爰得我直!

  硕鼠硕鼠,无食我苗!
  三岁贯女,莫我肯劳。
  逝将去女,适彼乐郊。
  乐郊乐郊,谁之永号!

老鼠过街，人人喊打。其实，老鼠在田里偷吃乃至抢人们辛苦劳动得来的果实，这也是人人喊打的。然而，当老鼠猖狂到连人都不得不躲避的时候，这老鼠就不仅仅是应当打的问题了。那么，这样的老鼠究竟有没有？有的，那就是对劳动者残酷剥削和压榨的奴隶主和统治者，当然还有那些不劳而获的官员。在周代尤其是春秋战国时期，统治者与被统治者的尖锐的对立已是不争的事实。劳动者辛苦一年，但所得果实却几乎全部交给了奴隶主和统治阶级，于是，奴隶们愤怒地呼喊着，他们憎恨那些剥削他们的"硕鼠"，期盼着能逃到一个没有剥削、没有压迫的理想境界中去。

让我们再一次倾听他们的歌声吧。

大田鼠啊大田鼠，你可别再偷吃我的黄黍。每年来辛勤供你，你怎么一点良心也没有？何时我才能离开你啊，去寻找安乐的好国土。唉，那安乐的国土，没有剥削的地方啊，你在哪里，我归向何处？

大田鼠啊大田鼠，别再偷吃我的麦。多年来把你养肥，你却浑身是贼心。何时我才能离开你啊，去寻找那安宁平等的好去处。好去处啊好去处，我的归宿在何处？

大田鼠啊大田鼠，别再偷吃我的苗，多年来把你养得肥，你对我却是恩将仇报。看我何时去寻找安乐好城郊，安乐处啊好城郊，我们将再不受剥削再没有哀号。

——《诗经》经典故事——

狩猎盛景

秦人喜猎,而战国时西北地区也恰恰是有许多好猎场的。试想一下,当一国之君将要出猎时,前呼后拥,那是一种什么景象?《秦风·驷骥》正是描写了这种盛况。

原诗如下:

> 驷骥孔阜,六辔在手。
> 公之媚子,从公于狩。
>
> 奉时辰牡,辰牡孔硕。
> 公曰左之,舍拔则获。
>
> 游于北园,四马既闲。
> 輶车鸾镳,载猃歇骄。

一个秋高气爽的日子,统率千乘之国的秦公就要出城打猎了。你看,那城门开处,一队铁骑疾驰而来,最中间的那辆车上,秦公端坐其中,他的爱子和几位公侯也同在一辆车上。拉车的马好高好大,四匹黑马,一样

263

雄壮。再看那随行的武士，浩浩荡荡，就和即将要去上战场一样。

过了一道山，上了一道坡，秦公狩猎的队伍来到一处平缓的沙窝。前面有人喊，后面有狗叫，恰恰从草丛中轰出一头硕大的公鹿。这么好的机会，左右哪个不想射，但又有哪个敢和君主来抢射？于是，秦公张弓搭箭，对准那惊慌失措的猎物射去，无数人欢呼雀跃。

浩浩荡荡、挤挤攘攘，猎物不多、欢呼不少，只要秦公有收获，哪个不是喜洋洋？游山玩水也算狩猎啊，车队缓缓又进了北园。

啊！四马拉车好快捷，就连猎狗也爬上车来共庆胜利齐欢笑了。

"三良"殉葬

秦国国君穆公死后,竟残忍地命令活人殉葬,殉葬者多达177人,其中包括著名的良臣子车氏三兄弟。这件事情在当时震动很大,即使是就整个历史来说,也是一件不可忘却的事。《秦风·黄鸟》就记载了这件事情。

原诗如下:

> 交交黄鸟,止于棘。
> 谁从穆公?子车奄息。
> 维此奄息,百夫之特。
> 临其穴,惴惴其栗!
> 彼苍者天,歼我良人!
> 如可赎兮,人百其身。
>
> 交交黄鸟,止于桑。
> 谁从穆公?子车仲行。
> 维此仲行,百夫之防。
> 临其穴,惴惴其栗!

彼苍者天，歼我良人！
如可赎兮，人百其身。

交交黄鸟，止于楚。
谁从穆公？子车铖虎。
维此铖虎，百夫之御。
临其穴，惴惴其栗！
彼苍者天，歼我良人！
如可赎兮，人百其身。

秦穆公死了，就是那个机关算尽，原本计划对东邻晋国指手画脚，最终却被晋文公父子数次打得大败、不可收拾的秦穆公死了。死了也就罢了，此君临终前竟下令活人殉葬，共177人。尤其是竟有曾为他出谋划策、身经百战、屡立奇功的子车氏三兄弟：子车奄息、子车仲行和子车铖虎。世上难道还有比这更加没有人性、比这更置国家利益于不顾的昏君吗？世上难道还有比这更令人气愤的事情吗？百姓们愤怒之极、悲哀之极，于是唱出了震撼人心的歌谣。虽说这诗歌并不能使统治者良心发现，却实实在在为我们留下了一页难得的历史教材。听吧，百姓们唱起了哀歌。

穆公死了，穆公死了。黄鸟儿啾啾叫啊，停在荆棘上。谁去为穆公殉葬呢？竟有子车奄息好忠良。奄息原本好出众，有德有才百人当。而今人们走到那墓坑边看啊，禁不住心惊胆战直发抖。我的天啊我的苍天，你为何使好人遭此难？如果我们能赎他啊，即使用一百条命换他也值得。

黄鸟儿叫啊，停在桑树头。谁去殉葬陪穆公？子车仲行遭祸殃。仲行本是真好汉啊，敌人上百他也能挡。而今身临大墓坑，人们个个心胆战。老天爷啊老天爷，你竟使好人受残害，世上哪还有理讲？如果我们能赎他啊，甘愿百命来抵换。

黄鸟儿叫啾啾，停在了荆树上。谁为那穆公去殉葬？竟有子车铖虎好儿郎。铖虎他本是英雄好汉哪，千军万马也难防。而今身临大墓坑，看看也让你心凄凉。苍天苍天好苍天啊，为何残害我忠良将？如果苍天有令可赎身啊，百条性命也愿抵换。

常棣之华

前面我们介绍了不少属于"风"类的诗歌。可以说绝大多数属于精品。现在,我们再来看一下归类于"雅"字号的诗歌。因为"风"与"雅"来源于不同的文化氛围,内容也就有了十分明显的区别。下面,我们先看一首《小雅·鹿鸣之什·常棣》。

常棣之华,鄂不韡韡。
凡今之人,莫如兄弟。

死丧之威,兄弟孔怀。
原隰裒矣,兄弟求矣。

脊令在原,兄弟急难。
每有良朋,况也永叹。

兄弟阋于墙,外御其务。
每有良朋,烝也无戎。

丧乱既平，既安且宁。
虽有兄弟，不如友生。

傧尔笾豆，饮酒之饫。
兄弟既具，和乐且孺。

妻子好合，如鼓瑟琴。
兄弟既翕，和乐且湛。

宜尔室家，乐尔妻帑。
是究是图，亶其然乎。

从根本上看，这是一首说教诗，但同时也是对人际关系中最天然不可分的兄弟之间那种血浓于水的情感的真诚礼赞。这样的诗歌，是一帮文人和乐工在官僚贵族的家宴上唱出来的。

常棣开花呀，色彩多鲜艳，花蕊连着花瓣一连一片。世上的人际关系数不清啊，有什么能比亲兄弟连得更紧？当那死亡威胁时，只有兄弟最关心。临阵杀敌刀枪见，打虎还是兄弟亲。即使高山大川多阻隔，千里万里总相亲。就算大墙之内兄弟有纷争，抵御外敌总是一条心。世上酒肉朋友千千万，哪个能靠能倚凭?

然而有人目光短,一过危难便忘了真情,生活安定好光阴,朋友连侃带混热热闹闹好热情。这时候,反倒忘了兄弟亲。

逢年过节合家好,开怀畅饮细谈心,真心话儿此时说,方显一片赤诚心。

夫妻恩爱度光阴,犹如琴瑟悦耳鸣。还有兄弟紧团结,和睦美满乐无穷。

君子就当理好家,妻子儿女共欢欣。深思熟虑仔细做,人间处处有真情。

色而忘德

封建君王好色而忘德,因女色迷乱而不理朝政者可谓不胜枚举。这样的故事其实已算不得故事了。但《小雅·彤弓之什·庭燎》这首诗却恰恰从这个方面向我们讲述了一个动人的故事。

原诗如下:

> 夜如何其?
> 夜未央,庭燎之光。
> 君子至止,鸾声将将。
>
> 夜如何其?
> 夜未艾,庭燎晰晰。
> 君子至止,鸾声哕哕。
>
> 夜如何其?
> 夜乡晨,庭燎有辉。
> 君子至止,言观其旂。

周宣王早年勤于理政,曾一度使得国泰民安,又曾派南仲为将，统千乘之师一扫漠北，杜绝玁狁之患。但将近中年之后便对政事渐有疏忽。夜里每每与后妃欢娱通宵，致使大臣们久等朝堂而不见君王。这个情况被贤德智慧的姜后知道了，于是在一天拂晓之时，当周宣王还沉溺于男女情事之中时，毅然自去头饰向宣王"请罪"，自喻"以色迷君"使君王"色而忘德"，实际上是以自责而讽喻进谏，从而使周宣王认识到了自己的错误，并从此大有改进。下面，我们就看一下这位姜后是如何"自责"的。

隐隐约约啥时光？夜色沉沉盖四方。忽见朝堂有灯光，我的好君王，这是众臣要上朝，你再听，已有车铃响叮当。可是君王还在床。全怪贱妾失德把君迷惘。

现在夜色啥时光？夜色朦胧中，朝堂之上有灯光。文武百官要朝拜，我的好君王，细听已有骏马鸾铃响叮当。可是君王还在那呀，色海香山正闯荡。全怪我贱妾失德误朝纲。

现在夜色啥时光？东方发白有曙光。朝堂灯光正通明。我的好君王，众臣已齐集在朝堂，可是君王在哪里呀？你现在还没有穿衣裳。这可一切全怪我呀，贱妾请罪在庭堂。

文王之歌

《大雅》多颂歌,《大雅·文王之什·文王》就是一首极标准的颂歌。有人说此诗为周公所作,但并无实据。

原诗如下:

> 文王在上,於昭于天。
> 周虽旧邦,其命维新。
> 有周不显,帝命不时。
> 文王陟降,在帝左右。
>
> 亹亹文王,令闻不已。
> 陈锡哉周,侯文王孙子。
> 文王孙子,本支百世。
> 凡周之士,不显亦世。
>
> 世之不显,厥犹翼翼。
> 思皇多士,生此王国。
> 王国克生,维周之桢。
> 济济多士,文王以宁。

穆穆文王,於缉熙敬止。
假哉天命,有商孙子。
商之孙子,其丽不亿。
上帝既命,侯于周服。

侯服于周,天命靡常。
殷士肤敏,裸将于京。
厥作裸将,常服黼冔。
王之荩臣。无念尔祖。

无念尔祖,聿修厥德。
永言配命,自求多福。
殷之未丧师,克配上帝。
宜鉴于殷,骏命不易。

命之不易,无遏尔躬。
宣昭义问,有虞殷自天。
上天之载,无声无臭。
仪刑文王,万邦作孚。

自古以来的君王,文王可以说是最英明杰出的一位了。周国本是一个很古老的国家,但是,和它一样古老的国家多着呢,为什么只有周可以受命于天,一统天下？这主要是因为有了文王的英明领导啊。文王真不愧为上帝之子，他的贵为天子是名副其实的。

让我们看一看文王艰难创业的历史吧。早在文王年轻的时候，他就十分注意节俭，勤于教育。尤其值得一提的是他十分注意礼贤下士，招揽人才，所以，在当时虽说殷商富足，京城繁华，但天下名士却纷纷投奔西岐，心想为文王干一番事业。

文王待人，最大的优点是以诚相待，光明正大，他宁肯自己吃苦受累，但决不亏待人才。而殷商纣王的统治下却是奢侈靡费。君王酒海肉山，百姓衣食不给。在这种情况下，人心向背不是早已决定了天下要由商而变周了吗？

文王待人宽，责己严，他时刻牢记祖宗功业，宗庙祭祀从不间断。文王十分注意品德修养，对待部下也亲温和气。而商纣王却残酷迫害忠良，慢怠贤臣，听信谗言，不理朝政。这种对比，不正是开国之君和亡国之主的明显对照吗？

正是由于文王品德高尚，待人以礼，行止端庄，这才赢得天下人心向王，万国尊重。周的兴旺发达全在文王德性的光大，文王的功业荫及子孙万代，使得姬姓男女代代得益，使得万邦安康、百族和睦。作为周的子民，姬姓子孙，当牢记文王功德，为他争光，使周的兴盛得以百代而传。

喜庆丰年

《颂》在《诗经》中的比重很小，只有40首。这里，我们介绍一首《周颂·臣工之什·丰年》。这显然是一首喜庆丰收的乐歌，一般是用来祭祀天地的。

原诗如下：

> 丰年多黍多稌，
> 亦有高廪，万亿及秭。
> 为酒为醴，烝畀祖妣，
> 以洽百礼，降福孔皆。

既然是歌，我们不妨把它用大家都能听明白的白话唱一遍：

> 丰收之年真喜人啊，五谷成堆稻米香。但看粮仓一座座，排列成行满当当。东家万斗方收进，西方亿斗收不完。酿成甜酒和香酒，坛坛罐罐盛不下。丰收不忘敬天地，供奉祖先和考妣。各种祭祀皆要有，人间美满千家喜。

《礼记》经典故事

关于《礼记》

《礼记》共49篇，又称《小戴礼记》《小戴礼》《小戴记》，是西汉时期戴圣撰集而成的。西汉的时候，人们把某些重要的古书称为"经"，把解说这些"经"的书叫作"传""记"或"说"。因此，《礼记》这一书名原义就是对《礼经》（即《仪礼》，汉代的学者又把此书称作《士礼》或《礼》）的解说。

《礼记》就其性质来说，是一部儒家思想资料的汇编。既然是一部思想资料的汇编，它就不可能出自一个人之手，写作的时间也不一样，不过都是在汉代的时候撰集成书的。

在长时期的封建时代里，《礼记》被认为是"学术、治术，无所不包"的一部书，因此受到历代的统治者和学者文人们的高度重视，流传经久不衰。它最初成为人们所说的"正经"，首先是汉末的郑玄给《礼记》做了简明而精当的注释，使之与《礼仪》《周礼》鼎足而立，合称"三礼"。之后的许多年里，"三礼"一直是受到官方重视的经书。晋元帝的时候，曾立《礼记》郑氏博士，可见那时人们已经对它十分重视。到了唐初，唐太宗命孔颖达等撰《五经正义》，《礼记》便居其一，大约这就是《礼记》成为"五经"之一的初端。南宋的时候，理学家朱熹做《四书章句》，特别将《礼记》里的《大学》《中庸》收入，而且置于《论语》和《孟子》之前。此后的近八百年间，"四书"就一直列入科举考试的科目，成为天下士子们的必读书。

《礼记》这部书中最核心的思想就是"礼"，它的含义非常丰富，一方面它表示了一种社会的理想秩序，也就是君君、臣臣、父父、子子那一套封建伦理纲常。孔子曾说过："一日克己复礼，天下归仁焉。"他所说的"礼"就集中体现在《礼记》这部书里。另一方面它又很具体地说到许多日常礼节，比如人们该怎样和人相处、居丧的时候该穿什么衣服等等。就是说，《礼记》这部书里所说到的，不仅是一种社会思想，也包含了很多的人们日常生活里的东西，所以不同的人从里面可以看到不同的东西。因此，它对当世和后世的影响是多方面的，大到政治哲学伦理，小到人们生活中的一些具体事情。当然它主要还是在思想方面对后世产生了深刻而广泛的影响。

我们今天从这部书里不仅可以看到先秦时期儒家的思想，也可以看到当时的人们的一些生活习俗，这对于我们认识历史有着非常重要的意义。

申生愚孝

晋献公宠爱他的妃子骊姬，骊姬以谗言诬陷世子（相当于太子）申生，说他要谋害其父献公。年老昏庸的晋献公听信了她的话，将要杀害他的儿子申生。

晋公子重耳对申生说："你何不将你被谗言诬陷的情形向父君申诉，并且表白自己的心愿呢？"

世子申生说："我不能那样做。父君得安乐于骊姬，如果我申明了实情，父亲除了骊姬，这就是我伤害了他老人家的心啊。"

重耳又说："那你为什么不逃往他国呢？"

世子申生又回答说："也不能那样做。我一走，父亲就会说我有谋反之罪。天下岂有无父之国？我又何必要这样做呢？"

重耳劝不了他，也就不劝了。世子申生派人送书信给晋国的大夫狐突（字伯行），向他表示诀别之意，说："申生我有罪过，从前由于不考虑您的忠言，今日落到了死的地步。四年前，我奉国君之命带兵征讨东山的山戎皋落氏的时候，您就劝我逃出晋国，以避开骊姬对我的陷害，后来您又劝我不要因立功而招祸。我没有听您的话，落到今日。申生不敢吝惜一死。虽然如此，不过我担心国君年纪已老，他的爱子奚齐、卓子又都幼小，国家内忧外患，多灾多难，难道伯行您就不肯出来为我们的国君图谋国事吗？如果伯行您肯出来为我们的国君图谋国事，也就是我受到了您的恩赐，我甘愿去为国君一死。"

  狐突答应了世子的请求。于是，世子申生以隆重的礼节拜别了狐突，自杀而死。他死之后，晋人对他的谥号是"恭世子"。这是次一等的谥号，表示他没有去匡正他的父君的错误，所以不谥为"孝"。这实际上是用委婉的口气批评他是一种愚孝。

曾子守礼

曾子卧病不起，已经很危重了。他的弟子乐正子春坐在床下。他的儿子曾元、曾申坐在他的脚边。有一个童子坐在墙角里，举着烛火照明。

童子看着曾子身下的席子说："这席子花纹美丽而且质地光洁，是大夫用的细竹席吧？"

乐正子春赶忙说道："住口。"

他不想让这些事打扰已经重病在身的老师。但曾子还是听到了，他惊异地睁大眼睛看着自己身下的席子，问道："什么？"

童子说："我看您身下的席子花纹美丽而质地光洁，是大夫用的细竹席吧？"

曾子说："对！这是季孙子赐给我的。我不应该用这种细竹席，我病了没有来得及把它换下来。快扶我起来，换掉这席子。"

曾元说："您老人家已经病得很危险了！现在您不能动，不宜换席。希望等到明天早晨，我再请您老人家把它换下来。"

曾子指着童子说："你们是爱我的，可是不如他爱我。君子爱人,是以德为重。小人爱人,才是纵容姑息人的错误。如今我还有什么要求呢?我能得到正礼而死去,就是我最大的心愿了。"

于是,人们就把曾子扶起来,更换了他身下的席子。换掉曾子身下的席子以后,他们又把他扶到床上,可是还没有把曾子安放到床上,他就去世了。

后人说到这件事时,都说曾子是一个正人君子,到死还不忘礼制。曾子本叫曾参,是孔子门下弟子,跟从孔子多年,孔子一直是讲礼的,说过"克己复礼"。曾子这样做,也算是把孔子的礼学到家了吧。

有子之言似夫子

有一天，孔子的两个学生有子和曾子在一起闲谈，有子问曾子说："你问过夫子关于丧失官职的事吗？他是什么看法呢？"

曾子说："听说了，夫子说失了官位要尽快地过贫穷的日子，死了也要尽快地腐烂掉。"

有子说："这不是夫子说过的话。"

曾子说："这就是我从夫子那里听到的。"

有子又说："这不是夫子的话。"

曾子说："这是我和子游一起听到的。"

有子说："如果真是这样的话，那就是夫子有所指而说的。"

曾子把他和有子说过的话告诉了子游。

子游说："太像了！有子的话太像夫子了。从前，夫子居于宋国，见到宋国的桓司马给自己做石头棺材，做了三年还没有做好。夫子就说：'他是如此浪费，死后不如早些腐烂的好。'这话就是对桓司马说的。鲁国的大夫南宫敬叔失了官位又回来时，必定带着许多珍宝到朝中去行贿，以求恢复自己的官位。夫子说：'若是这样的行贿,失官后就不如早一些贫穷的好。'这话是专对南宫敬叔说的。"

曾子又把这些话告诉了有子。有子说:"真是这样的,我本来就说,这不是夫子的话。"

曾子说:"你怎么知道的呢?"

有子就说:"夫子曾在中都那个地方订立过制度,棺厚四寸,棺外面套着的那一层椁厚五寸。因此知道夫子并不是主张人死后要尽快烂掉。从前,夫子失去鲁国司寇的官位,他将要到楚国去,就先派了弟子子夏,接着又派了弟子冉有,前去看一看他可不可以在楚国做官。因此知道夫子并不是主张失去了官位以后就要尽快过贫穷的日子。"

曾子明白了,孔子在一定的地点说的话,指的是一定的事情,并不是在任何地点和时间都可以照搬他的话。

重耳谢秦

晋献公死后,当时,重耳还在秦国逃难。秦穆公派使者向公子重耳吊丧,并传达自己的话说:"我听说,一个公子得到国家常在这个时候,失去国家也常常是在这个时候。虽然你心情沉重处在服丧之中,但是失位的状态却不可长久。时机也不可坐失,公子,你自己谋划一下吧。"

重耳将秦穆公的话告诉了他的舅舅子犯。当时子犯也和重耳一起在秦国逃难。子犯说:"你要辞谢他们劝你返回国去袭位的意思。失去自己地位又逃在外的人没有别的珍宝,仁爱恩亲就是珍宝。父亲的死是何等重大!若再趁此机会袭位得到国家,把这种事当作一种利益,那么天下的人谁能说清我们有没有罪过呢?你一定要辞谢掉他们劝你返国袭位的意思啊。"

听了这番话,重耳出来对那些宾客说:"贵国的君王惠爱像我这样的逃亡之臣,前来向我吊唁我父亲的死。我自身逃亡在外,父亲又不幸死去,我不能参与哭泣之哀,而让秦君操心。父亲的死是何等重大的事!我怎敢别有用心以玷辱君王前来吊唁的情义。"

重耳说完，行了跪拜叩头之礼，但不再行拜手之礼。他痛哭之后，站起来就再不与秦国的使者私下交谈了。

秦国的使者回去向秦穆公复命，秦穆公说："公子重耳真是仁爱之人啊！他跪拜叩头，不再行拜手之礼，说明他不以晋献公的嗣位者自居，所以他不行成拜大礼。他痛哭之后，站起来再不与宾客私下交谈，说明他远远地避开了个人之利啊。"

事实上当时重耳还在秦国逃难，所以他不敢说出他内心里的真实想法。晋献公死后，过了些年，重耳就在别人的帮助下，得到了晋国的君位，成为历史上很有名的"春秋五霸"之一的晋文公。

杜蒉罚酒

知悼子，也就是晋国的大夫知盈，他死后还没有埋葬，晋平公就举宴喝酒，这从当时的礼法上来说是不允许的，可是因为他是国君，别人也没有说什么。晋平公喝酒的时候，还有师旷、李调陪侍在左右，并敲钟奏乐。厨师杜蒉从外面走进来，问道："这是什么地方？"

有人回答他说："这是在寝宫里。"杜蒉便直接进到寝宫里，登上殿堂。他往杯里斟满了酒，说："师旷，请你喝了这一杯。"师旷以为杜蒉是请他喝酒，便喝了下去。

杜蒉又斟一杯，请李调也喝下去。李调也喝下去了。杜蒉自己斟了一杯酒，跪下朝着北面喝下。喝完酒，他把杯子一放就下了台阶，没有和任何人说话，快步向外走去。

晋平公看着杜蒉这些举动，十分诧异，就让人把杜蒉召进来，问他说："杜蒉，刚才我想你会开导我点什么，所以我没有和你说话。可是你什么也没说。你让师旷喝酒是什么意思？"

杜蒉说："子日、卯日，是忌日，这一天里不能奏乐。现在，知悼子死了，还停在堂上，尚未埋葬。这比子日、卯日还要重大。师旷他是太师，不将这件事告诉别人，因此要罚他喝酒。"

晋平公就又问："那你又让李调喝酒是为什么？"

杜蒉回答说："李调，他是您所宠爱亲近的内臣，他为了满足自己的饮食欲望，忘记了这是一个忌日，因此罚他喝酒。"

晋平公问："那你自己也喝了一杯，这又是为什么呢？"

杜蒉说："我是厨师，不在厨房里干我自己应该干的事情，却来这里说本不该我说的这些话，因此也该罚我一杯。"

晋平公听了，恍然大悟，原来杜蒉是以这些礼节来劝导他，他说："我确是有罪过啊，也请罚我一杯吧。"

杜蒉就洗净了酒器，斟了酒，双手举到晋平公跟前。晋平公喝了酒，无限感慨地对侍者们说："如果我死了，你们千万记住，一定不要废弃了这只酒杯啊。"

这件事一直传了下来，到如今，在宴礼敬酒完毕时，就要举杯，为了纪念杜蒉，因此这个礼节就叫作"杜举"。

苛政猛于虎

有一天,孔子和他的几个弟子坐着车从泰山旁边经过,看到有一个妇人在一座坟前哭得很悲伤。孔子在自己的车前听了好长时间,那妇人还在那里哭着,孔子就派弟子子路去问她:"你哭得这样悲伤,真是有很悲痛的事吗?"

妇人说:"是的,以往,我的公公被老虎咬死了,后来,我的丈夫也被老虎咬死了,现在我的儿子也被老虎咬死了。"

大家听了也觉得这个妇人很悲惨,孔子就问她:"那你为什么不搬走呢?"

妇人说:"这里虽然有老虎,但是没有沉重的苛捐杂税。"

孔子听了,长叹一声,对他的弟子说:"孩子们,你们要记住,沉重的苛捐杂税比老虎还凶猛呀。"

后来人们就用这个故事形容那些不顾人民死活的统治者比老虎还凶猛。

——《礼记》经典故事——

文王世子

　　文王被立为世子,每天要到朝中三次拜见父王。鸡刚叫的时候,他就穿好衣服,到父王的寝室外,问在里面服侍的人:"父王今日可安好?"

　　里面服侍的人回答说:"好。"文王心里就高兴。到了中午,文王还到父王那里问安。晚上依然。

　　如果哪一天,父王的身体有什么不舒服,内宫里的侍人告诉文王,文王心里就很忧伤,走路的时候连鞋都穿不正了。父王身体好了,又像往常一样地吃饭,文王才能放下心来,恢复他的常态。

　　到了武王的时候,武王也照着文王的做法而行。文王身体不舒服,武王不脱帽,不解自己的腰带,在旁边服侍着。文王吃一次饭,他也吃一次饭。文王再吃饭,他也再吃饭,一直到十二天后,文王的病好了为止。

　　有一天,文王问武王:"你做了一个什么梦?"

　　武王说:"我梦到上帝让我活到了九十岁。"

　　文王说:"你以为这是为什么?"

　　武王说:"西方有九个国家,让君王安抚他们。"

　　文王说:"不是这么回事。古时候说'年龄',齿就是年龄。照天下的意志,我活一百岁,你活九十岁,我送给你三岁。"后来,周文王九十七岁去世,周武王九十三岁去世。成王很小的时候,不能继位,周公主政。周公让世子成王向伯禽学习礼仪,让成王知道父子、君臣、长幼之道。如果成王有什么错,就处罚伯禽,这是为了让成王好好学习为世子之道。

孔子说:"知道怎样为人之子,然后才可以为人之父。知道怎样做臣子,才可以做人君。知道怎样为别人做事,才可以让别人为你做事。成王年幼的时候,不能继位,只做一个世子,就没有什么作为。所以,让成王和伯禽在一起,让他学习父子、君臣和长幼之道,这是为了成王好。"

孔子还说:"君对于世子,像父亲一样亲,也像君一样尊贵。世子有父之亲,有君之尊,然后才可以兼得天下。所以说,养世子不可不慎重。"

《礼记》中说:"凡三王教子必教以礼乐,乐是修内的,礼是修外的。礼乐交错于心中,发形于外,所以就会对人恭敬而温文尔雅。为世子立太傅、少傅,就是让他知道父子、君臣之道。"

周文王、周武王,成为中国历史上有名的君王,大概是和这些教养有很大的关系吧。

庄公诔士

鲁庄公与宋国人在乘丘打仗,县贲父为庄公驾驶车马。

战斗中,驾车的马突然受惊了,鲁庄公的马一惊,他的战车就乱跑起来。鲁庄公在车上支持不住,从车上坠下来。鲁庄公从车上掉下来,军队也大乱,被宋国人打败了。

鲁庄公说:"这真没有想到。"

县贲父说:"以前的时候没有过马受惊,也没有战败,今日战败,是我不勇敢。"说完自杀而死。

鲁庄公回去以后,让人洗马,发现有一支箭已射进马的肉里。原来马惊是由于中了箭,鲁庄公说:"这不是县贲父的罪过啊。"

鲁庄公因此写了一篇祭文表彰县贲父的品质,并表达了自己的哀悼之情。一个士让国君写祭文悼念,就是从此开始的。《礼记》里还说,贱不诔贵,下不诔上。也就是说,诔文只能是上级写给下级的,富人写给穷人的,不能反过来。后来这就成了一种礼法制度。

献文子祝颂

晋国的献文子建成了一座新的宫室,晋国的大夫们纷纷发礼祝贺。

其中有一位大夫叫张老的,他的祝词说:"真美啊!宫室高大巍峨!真美啊!宫室众多而华丽!在这里歌舞作乐,在这里哭泣致哀,在这里燕聚国人和宗族里的人。"

文子答谢他,并祝祷说:"我能在这里歌舞作乐,在这里哭泣致哀,在这里燕聚家族里的人,这意味着我能在这里保全自己而尽享天年,最终可以追随我的先人们于九原之黄泉啊!"

文子说完,面向北面恭敬地拜了又拜,叩头行礼。

君子们都说文子和张老都善于称颂,善于祝祷。

《礼记》里把这个记下来,就是把他们的颂词和答词作为一种范例。不过久而久之,这种祝词和答词就成了一种例行公事的虚假文体。

不食声气

有一年,齐国发生了严重的饥荒,好多人都饿死了。一个叫黔敖的富人,想接济一些饥饿的人,就在路边用自己的粮食煮饭,用来给过路的饥民充饥。有一个饥民,用袖子蒙着脸,拖着鞋子,眼光迷迷糊糊地走了过来。从他的样子可以看得出,他已经好久没有吃饭了。黔敖左手端着饭,右手拿着汤罐,用怜悯的口气喊道:"喂!来吃吧。"

那个饥民抬起头来看看黔敖说:"我就是不愿意吃这种没有好声气的饭,才落到这步田地,怎么会吃你的饭呢?"

黔敖一听,觉得自己的口气不对,就连忙向他道歉。但是那个饥民还是不肯吃,因而饿死了。后来,曾子听到这件事,就说:"这恐怕不对吧?人家没有好声气让你吃,你当然可以离去。可是人家既然已经向你道了歉,那就应该吃。何必为了这个把自己饿死呢?"

孔子遇丧

孔子的弟子子路被杀,孔子在正室的前庭痛哭一场。有使者来吊丧,孔子就以主人的身份答拜。哭过之后,他召来报丧的使者,问子路是怎样被杀的。使者说:"子路已经被剁成肉酱了。"孔子一听,立即让人把吃的肉酱倒掉。

孔子路过卫国,刚巧碰上过去的馆舍主人的丧事,便进去吊丧,哭得很伤心。出来后,就叫子贡解下马车的骖马送给丧家。子贡说:"对于门人的丧事,您就从来没有解下马来助丧的事,现在倒要解下马来为馆舍的主人助丧,这不是有点太过分了吗?"

孔子说:"我刚才进去吊丧,正好触动心里的悲哀而流下泪来。我不愿意光流泪而没有别的表示。你还是照我的话去做吧。"

子贡就照着孔子的话去做,把马送给了人家。

孔子在卫国的时候,碰到有人送葬,孔子就在一旁观看,并且说:"这丧事办得太好了,可以作为榜样了。你们要好好记着。"

子贡就问孔子:"老师为什么称赞这件丧事办得

好呢?"

孔子回答说:"那孝子在送柩时,就像小孩子追随父母一样哭着,叫着;下葬回来时,又像在哀痛亲人的魂灵还在墓穴,没有跟着他回家,因而迟疑不前。"

子贡说:"那还不如赶快回家举行安神的虞祭呢?"

孔子说:"你们要好好记着这好榜样,我还未必能做得到呢。"

孔子的弟子颜渊办丧事的时候,丧家送来大块的祭肉,孔子到门外去接受了祭肉。他回到屋子里,弹过琴以后才吃祭肉。

有一次,孔子的姊姊办丧事,他和他的门人站在一起。他拱手的样子是用右手掩着左手,弟子们也都跟着他的样子也用右手掩着左手。孔子看到了,说:"你们真是太喜欢学我了。我是因为有姊姊的丧事才这样的。"于是弟子们赶紧改过来,用左手掩着右手。

吴国的延陵季子到齐国聘问,在回国的路上,他的大儿子死了,就准备葬在嬴邑和博邑之间。孔子说:"延陵季子是吴国最精通礼的人。"他想看一看延陵季子怎样给他的儿子举行葬礼,于是就前去参观延陵季子办的葬礼。只见墓穴的深度还没有掘到有泉水的地方;装敛时用的也只是平时穿的衣服;下葬以后还要在墓上堆上土堆,土堆的长和宽和墓穴的长和宽正好一样,高度也只是一般人可用手凭靠着那么高。堆好坟堆以后，他解开上衣，袒露出左臂，然后向左围着坟堆转，并且还哭喊了三次，说："亲生的骨肉又回到土里去了，这是命该如此，至于你的魂魄精神却没有什么地方是不可以去的，是无所不在的。"哭喊完之后，他就上路了。

孔子看完延陵季子办的丧礼全过程之后说："延陵季子所行的礼应该说是很合理的了。"

——《礼记》经典故事——

孔子之丧

有一天,孔子一大早就起来了,背着手,拖着他的拐杖,一边自由自在地在门口散着步,一边唱着歌:"泰山就要塌了吧?梁木就要坏了吧?哲人就要凋落了吧?"唱完歌人就回到自己的屋子里,对着门坐下。

子贡听到歌声说:"如果泰山崩塌了,那我们将要仰望什么呢?如果梁木坏了,哲人凋落了,那我们将要仿效谁呢?老师大概要生病了吧?"于是,就快步走进孔子屋子去。

孔子看到子贡来,说:"你为什么来得这样迟呢?夏代停柩在东阶上,那还是主位上;殷人停柩在东西两楹之间,那是处在宾主位之间;周人停柩在西阶上,那就像把它当作宾客一样。而我是殷人,前日夜里我梦到自己安坐在东西两楹之间。既然没有圣明的王者出现,天下又有谁会尊崇我坐在两楹之间呢?这样看来,我大概是快要死了吧?"

孔子说过这话,在床上卧了七天,就去世了。

给孔子办丧事的时候,弟子们都不知道应该穿哪一等丧服。子贡说:"过去老师在处理颜渊的丧事的时候,就像死了儿子一样，但是不穿孝服。处理子路的丧事也是这样。现在大家对老师的丧事就像是对自己的父亲一样悲哀痛悼，但不必穿丧服，只需在头上和腰间系上麻带就行了。"

弟子们就这样做了。孔子的丧事期间，弟子们无论在家还是在外面，头上和腰间都系着麻带。从此以后，弟子们之间有丧事，他们在家里扎着麻带，而在外面就不扎了。

在为孔子办丧事的时候，有一个人从燕国赶来观看葬礼，住在子夏家里，子夏对他说："这是圣人在主持葬人吗？不是的。这是普通人在葬圣人啊！你有什么好看的？以前我听老师说过这样的话：'我见过把坟筑成像堂屋那样四方而高的样子，见过像堤防那样纵长而狭长的样子，见过像夏屋那样宽广而卑下的样子，我赞成像刀刃朝上的斧子那种样子，也就是俗间所说的马鬣封。'现在我们给他筑坟，一天之间就换了三次板，很快就将坟筑成了，这大概还是遂了老师的心愿吧！"

孔子死后，鲁哀公吊唁说："上天不留下这位受人尊敬的老人，现在没有人帮助我治理国家了！呜呼哀哉，尼父！"

有一个人来给孔子吊丧，进门就哭。他的弟子们把他劝开了，指给他一个专门让他哭的位置，对他说：

"我们老师在世的时候最讨厌一个人不在他应该处的位置上哭,所以也请先生您自重吧。"

那人一听,知道自己不应该在这个位置上哭,就找到了自己应该在的那个位置,这样,孔子的弟子们才正式接待了他。

礼不过度

曾子和子夏都是孔子的弟子。有一年,子夏的儿子死了,子夏很悲伤,整天在家里哭,把眼睛都哭瞎了。曾子听说子夏死了儿子,又哭瞎了眼睛,就去慰问他,对子夏说:"我听说过,朋友丧失了视力,就应该去安慰他,替他难过。所以我就来了。"他一边说,心里也很悲伤,说着说着也哭了起来。

子夏看到曾子也哭了起来,更加伤心,就说:"天啊!我可是没有什么罪过的啊!"

曾子生气地说:"商!你怎么没有罪过呢?我和你曾一起在洙水和泗水之间侍奉我们的老师。老师去世之后,你回到西河上度晚年,却让西河人民以为你比得上老师,这是你的第一件罪过;过去你为亲长守丧期间,在百姓中并没有好名声,这是你的第二件罪过;现在你又因为死了儿子而哭瞎了眼睛,这是你的第三件罪过。你还要说你没有什么罪过吗?"

子夏听完曾子的话,知道自己只为了自己的悲伤,把天下的事都忘了。子夏连忙把自己的手杖丢掉,向着曾子拜谢说:"我错了!我错了!我离开同道好友,独自居住的时间也已经太长久了。"

子夏想起了一件事,那还是孔子在世的时候,他除丧后去见孔子。照当时的规定他可以去掉丧服了,但是他觉得自己心里还很悲伤,就没有去掉丧服。他见到孔子,孔子递给他一张琴,让他弹奏。但是他却没有调好琴柱,五音不能和谐。弹起来不成声调。他明白了这是怎么回事,站起来对孔子说:"虽然我内心里的悲哀还没有忘掉,但先王既然制定了礼仪,我不敢超过规定的期限,只得除掉丧服。"

当时和他一起去的还有孔子的另一个弟子子张。孔子把琴递给子张,子张拿到琴之后,只那么一调就把琴调好了,而且一弹就弹出了曲调,并且五音和谐。子张站起来说:"虽然我心中的悲哀已经淡薄了,但先王既然已经制定了礼仪,那么我也不得不依照礼的规定去做。"

想到这里,子夏心里轻松了一点。不管自己心里还有着多么大的悲伤,到了一定的时间就不能再在这种悲伤里沉溺,而应该去办更多的事情。因此,他马上和曾子一起走出他的家门,去办他的大事去了。

杀人有礼

鲁国和吴国作战，鲁国的工尹商阳和陈弃疾一起追赶吴国的军队，很快就赶上了敌人。工尹商阳是一个很善于射箭的人，可是他一直也没有把弓拿在手里。直到快追上敌人的时候，陈弃疾对他说："这是君王交给的使命，你现在可以把弓拿在手里了。"

听了陈弃疾的话，工尹商阳才把弓拿在手里，在离敌人很近的地方，陈弃疾说："你可以放箭射他们了。"

这时，工尹商阳放箭，射死了一个敌人，立即又将弓箭放回弓袋里。他们又很快赶上敌人，陈弃疾又对他说了已经说过的话，工尹商阳又射死了两个敌人。陈弃疾看到，每射死一个敌人，工尹商阳都要把自己的眼睛遮上，不忍心看。

他们追了一阵子，工尹商阳让车子停下，他说："我们只是一些朝见时没有座位、大宴时没有席位的人，现在已经杀了三个敌人，也就足以交差了。"

于是，他们就退了回去，去见君王，他们交了差，君王也没有责怪他们。

孔子听说了这件事，说："即使是在杀人这种事情里面，也还是要讲求礼节的。"

柳庄谏赏

卫献公被逐出他的国家,逃亡在外。后来,他终于返回卫国复位。他回去的时候,到了城郊,他觉得那些跟着他在外逃亡的人有功劳,就要把一些封地赏赐给那些跟他在外逃亡的人,然后才进城。

这时,柳庄对他说:"如果大家都留下来守护社稷,那么,还会有谁为您执缰驾车逃亡呢?然而大家都跟着您逃亡,那么又有谁来守护社稷呢?您一回国就有了私心,这样做恐不合适吧?"

卫献公一听这话有理,与他逃亡的人和留下来的人对国家一样有利,于是他就没有进行封赏。他从心里赞赏柳庄一心为国的品性。他回国即位之后,封柳庄做了太史。

卫献公即位不久,柳庄卧病不起,一天比一天严重。卫献公感念他为国的一片忠心,对他的臣子们说:"如果柳庄的病情危急,即使是我在主持祭礼的时候,也要立即向我报告他的病情。"

后来,柳庄真的就在卫献公主持祭礼的时候去世了。人们把这个消息告诉了卫献公,卫献公听说这个消息，立即就拜了两拜，叩头，然后向主持祭祀的官员说："有个叫柳庄的人，他不只是我个人的臣子，也是国家的重臣，刚才得到他去世的消息，请特准我前去吊丧。"

说完这话，卫献公来不及脱下他的祭服就急忙跑到柳庄家里。到了柳庄家里，他脱下身上的祭服，赠送给死者。他还将一邑一县封给柳庄，并且订了誓约，放在棺材里，誓约上说："世世代代子子孙孙万代相传，永不改变。"

陈使论吴军

吴国的军队入侵陈国，陈国当时的战斗力不如吴国，但吴国的军队进入陈国之后，砍伐树木，杀害患病的百姓。在吴军退出陈国国境的时候，陈国派行人仪出使到吴军，想和吴军讲和。

吴王夫差对太宰嚭说："这个使者很会说话，我们何不考问他一下？凡是军队必须有一个好名声，我们问一问，别人对我们的军队，有什么样的评论。"于是，他们就问行人仪对吴国军队有什么看法。

行人仪说："古代的军队在讨伐敌国的时候，不砍敌国的社树，不杀害患病的百姓，不俘虏白发苍苍的老人。而现在贵国的军队不是在杀害患病的百姓吗？那不就成杀害病人的军队了吗？"

这一席话把吴王夫差说得很不好意思，照着行人仪的话，那么他的军队就是那种不仁义的军队了。他停顿了一下说："那么现在我把攻占的土地还给你们，把俘获的子民还给你们，你又怎样评论我们的军队呢？"

行人仪回答说："贵国君王因为敝国有罪而兴师讨伐，现在又同情并又赦免我们，像这样的军队，还怕有不好的名声吗？"

吴王夫差听到这些话，心里很高兴，就把俘获的陈国百姓们都放了。当然，被他砍掉的树是没有再活过来。

《礼记》里记载这个故事，大概是说吴国的军队那样对待敌国的百姓是不合于礼的吧。

文子知人

赵文子和叔向一起到晋国卿大夫的墓地去巡视。文子看着那些墓地说："死人如果能够复活的话，那么我跟随谁好呢？"

叔向说："阳处父怎么样？"

文子说："他在晋国专权而刚直，不得善终，他的智慧也不值得赞赏。"

叔向说："那么子犯怎么样？"

文子说："子犯一见到利益就顾不得君主了，他的仁爱不值得称许。我还是跟随武子吧。他既能为国君着想，又能顾全自己的利益；既为自己打算，又不忘记朋友。"

赵文子这些话传出去，晋国的人们说赵文子很了解人。

赵文子的身体柔弱得像架不起来的衣服，讲起话来迟钝得说不出口。然而他推荐了七十几个为晋国掌管库房的人，在生前却从来不与他们有钱财的交往，死的时候也不把孩子托付给他们。赵文子后来能开创一番大业，与他的用人知人不无关系。

《左传》经典故事

关于《左传》

《左传》是《春秋左氏传》或《左氏春秋传》的简称,要说《左传》,还得先从《春秋》说起。

中国历史经过漫长的发展,到夏代结束了古代的氏族社会。夏朝的建立标志着我国第一个奴隶制国家的诞生,也标志着中国历史发展到一个新的阶段。商汤灭夏,武王讨纣灭商,进入一个新的朝代——周。周公东征以后,确立了宗法制,创立典章制度,并不断地分封诸侯。周朝农业比商代发达,农产品种类增多,手工业也有了很大的发展。公元前771年,申侯联合犬戎杀周幽王。次年周平王东迁到洛邑,也就是今天的河南洛阳。历史上称周平王东迁之前的周朝为西周,把周平王东迁以后的周朝称为东周。

东周时期,群雄四起,诸侯争霸,周朝一统天下的局面已经不复存在。整个东周时期,都处于这种群雄争斗、战争频仍的形势之中。一直到秦统一六国,建立了中国历史上第一个封建制的国家,那种诸侯纷争的混乱局面才告结束。

东周时期,历史学家们又把它分为春秋和战国两个时期,这种分法是源于两本记载这两个时期的史书,其中一本就叫《春秋》。

《春秋》是一本编年体的历史著作,相传是孔子根据鲁国的史官编的《春秋》加以修订整理而成的。它起于鲁隐公元年，也就是公元前722年，终于鲁哀公十四年，也就是公元前481年，计二百四十二年。它是我国历史上最早的编年体历史著作。因为是孔子所整理修订，里面就加入了许多孔子的思想，成为儒家的经典之一。当然孔子的思想只是以一种简约的文笔见于字里行间，并没有什么长篇大论。《春秋》的行文笔法，被后世称为"春秋笔法"。历史学家则把《春秋》记载的这二百四十多年的时期称为"春秋时期"。把另一本书《战国策》记载的时期称为"战国时期"。所以从周平王东迁一直到秦始皇统一中国这一个历史时期也称为"春秋战国时期"。

《春秋》成书，即被视为"经"，于是就有人解释它。第一个解释它，并把自己的解释写成书的，就是鲁国的史官左丘明。左丘明，复姓左丘，名明。和孔子大约为同时代的人，做过鲁国的太史。他解释《春秋》成书，就被称为《春秋左氏传》，也叫作《左氏春秋》，人们习惯上叫作《左传》。在左丘明以后，还有过《春秋公羊传》，传说是为西汉时期公羊高所作，也叫作《公羊传》。另有《春秋谷梁传》，成书于西汉时期，也叫作《谷梁传》。人们把《春秋左氏传》《春秋公羊传》《春秋谷梁传》合称为"春秋三传"，其中流传最早也最广的是《左传》，它在战国时期就流行了。

《左传》主要记载了鲁国二百五十多年的历史，同时也记载了当时的几个主要的诸侯国家的历史，不仅记载了当时的历史，也保存了一些上古时期的史事和传说。它不仅是政治史，也是社会史、经济史、战争史、文化史、思想史。它不仅史料丰富，而且文采斑斓绚丽，也是一部出色的文学著作。它特别善于描写战争，善于刻画人物，其中又多有出色的外交辞令。在先秦时期，在散文这个领域里，只有《左传》才真正称得上是文学性强的写实主义巨著。它对后世的史学和文学都有着十分巨大的影响。千百年来，不论是史学工作者还是文学工作者，都从里面汲取了丰富的营养。经过许多的人对它的不断的注疏、不断的发展，它的影响更加强大和广泛。

郑伯克段于鄢

当初,郑武公在申国娶妻,名叫武姜,生了庄公和共叔段两个儿子。庄公降生时是脚先出头后出的,这是难产,使姜氏受了惊吓,因此给他取名叫寤生,就是逆着生的意思,并且很讨厌他。姜氏喜爱共叔段,想立他为太子,屡次向武公请求,武公不肯答应。

等到庄公继位为郑国国君,姜氏请求将制地作为共叔段的封邑,庄公说:"制地是形势险峻的地方,虢叔曾经死在那里。其他地方都可以听命。"

姜氏又改请求封京城,让共叔段住在那里,就称他为京城太叔。

有一个叫祭仲的人对庄公说:"凡属国都,城墙周围的长度超过三百丈,就给国家带来祸害。先王制定的制度:大的地方的城墙,不超过国都的三分之一;中等的,不超过五分之一;小的不超过九分之一。现在京城的城墙不合制度,这是不该有的,您会忍受不了的。"

庄公说:"姜氏要这样,哪里能避免祸害呢?"

祭仲回答说:"姜氏是不会满足的。不如及早安排,不要让他滋生事端，一旦蔓延就难以对付了。蔓延的野草尚且不能铲除掉，何况是您宠爱的弟弟呢？"

庄公说："多做不合情理又没有仁义的事，必然自己垮台。您暂且等着吧！"

不久，太叔命令西部和北部边境既听庄公的命令，又听自己的命令。公子吕对庄公说："国家不能忍受这种两面听命的情况，您打算怎么办？您要把君位让给太叔，下臣就去侍奉他；如果不给，那就除掉他，不要让百姓产生其他想法。"

庄公说："用不着，他会自食其果的。"

太叔又收取原来两属的地方作为自己的封邑，并扩大到廪延地方。子封（即公子吕）说："可以动手了。现在我们既有强大的实力也必将会争得民心。"

庄公说："没有正义就不能号召人民。势力虽大，反而会崩溃。"

这时，太叔也在积极备战。他下令修理城郭，储备粮草，补充武器装备，充实步兵车兵，准备袭击郑国都城，姜氏则打算作为内应打开城门。庄公打听到太叔起兵的日期，说："可以了。"就命令子封率领二百辆战车进攻太叔。太叔的人也反对他。太叔逃到鄢地。庄公又赶到鄢地进攻他。五月二十三日，太叔又逃到共国。

《春秋》说："郑伯克段于鄢。"太叔所作所为不像兄弟，所以不说"弟"字；兄弟相争，好像两个国家打仗一样，所以用个"克"字；把庄公称为"郑伯"是讽刺他没有尽教诲之责；不说"出奔"，是因为史官下笔有困难。这种记载历史的笔法，人们就叫作"春秋笔法"。

郑庄公恨姜氏支持太叔叛乱，就把姜氏安置在一个叫城颍的地方，发誓说："不到黄泉不再相见。"可是，不久以后他又后悔起来。

当时颍考叔在颍谷做边疆护卫长官，听到这件事，就献给庄公一些东西。庄公赏赐他食物。在吃的时候，他把肉留下来不吃，庄公问他为什么，他说："我有母亲，我孝敬她的食物她都已尝过了，就是没有尝过您的肉汤，请求让我带给她吃。"

庄公说："你有母亲可送，咳！我却没有！"

颍考叔说："请问这是什么意思？"

庄公就对他说明了原因，并且告诉他自己很后悔。

颍考叔想了想，就给庄公出主意说："您有什么可忧虑的呢？如果挖地见到了泉水，开一条隧道在里面相见，谁又会说不对呢？"

郑庄公采纳了颍考叔的意见，庄公进了隧道，赋诗说："在隧道中相见，多么快乐啊！"姜氏走出隧道，赋诗说："走出隧道外，多舒畅啊。"于是母子恢复了从前的关系。

君子说:"颍考叔可算是真正的孝子,爱他的母亲,扩大影响到庄公。《诗》说:'孝子的孝心没有穷尽,永远可以感化你的同类。'说的就是这样的事情吧!"

曹刿论战

鲁庄公十年（前684年）春季，齐国的军队攻打鲁国。庄公准备迎战。曹刿请求国君接见。曹刿是一个隐士，他一直隐居在乡下，人们不大知道他。

曹刿去见庄公的时候，他的同乡人说："战争的事，是那些每天都吃肉的高层人士在那里谋划的，你一个隐士又懂得什么？"

曹刿说："吃肉的人只想着眼前的事，谋划不了战争，不能作长远考虑。"

庄公正愁着齐军进攻的事，也想听一听别的意见。于是，就召见了曹刿。曹刿入宫拜见庄公，问庄公："您凭什么来和齐国作战？"

庄公说："有吃有穿，不敢独自享受，一定分给别人。我凭这个和齐国交战。"

曹刿回答说："小恩小惠不能周遍，百姓不会跟从您作战的。"

庄公说："祭礼用的牛羊玉帛，不敢擅自增加，祝史的祷告一定反映真实情况。神灵会保佑我的。"

曹刿回答说："一点诚心不能代表一切，神明不会降福的。"

庄公说："大大小小的案件，我虽然不能完全探明底细，但必定合情合理去办。"

曹刿说："这是为百姓尽力的一种表现，凭这个可以去打一下。请让我跟着去。"

于是庄公和曹刿同乘一辆兵车，与齐军在长勺展开战斗。齐军进攻过去，庄公准备击鼓应战。曹刿说："不行。"在齐国人打了三通鼓，向鲁军进攻了三次之后，曹刿说："可以出击了。"

庄公下令击鼓出击，鲁军冲向齐军，齐军大败。庄公准备追上去，曹刿说："还不行。"

曹刿下车，细细地察看齐军的车辙，然后登上车前的横木远望，过了一会儿，说："行了。"于是，庄公下令追击齐军。齐军大败而逃。

战胜齐军以后，庄公问曹刿取胜的缘故。曹刿回答说："作战全凭勇力。第一通鼓鼓起士兵的勇气，第二通鼓勇气减少一些，第三通鼓勇气就没有了。他们的勇气没有了，而我们的勇气刚刚振奋，所以战胜了他们。大国的情况难于捉摸，还恐怕有埋伏，我细看他们的车辙已经乱了，远望他们的旗子已经倒下，所以才追逐他们。"

"一鼓作气"这个成语就是从曹刿论战来的。

——《左传》经典故事——

郑厉公杀傅瑕

公元前680年春,郑厉公从栎地带兵杀回郑国国都,到达大陵,俘虏了傅瑕。傅瑕说:"如果放了我,我可以使您回国再登君位。"郑厉公和他盟誓,便把他释放了。六月二十日,傅瑕杀死子仪(当时郑国国君)和他的两个儿子,接纳厉公回国。

当初,在郑国国都的南门下面,一条在门里的蛇和一条在门外的蛇相斗,门里的蛇被咬死。这已是六年前的事了。

鲁庄公听说这件事,向申繻询问说:"厉公的回国难道与妖蛇有关系吗?"

申繻回答说:"一个人是否会遇到他所顾忌的事,是由于他自己的气焰所决定的。妖孽是由于人才起来的,人没有毛病,妖孽自己不能起来。人丢弃正道,妖孽就自己来了,所以才有妖孽。"

郑厉公回国,就杀死了傅瑕。他派人对原繁说:"傅瑕对国君有二心,周朝定有惩处这类奸臣的刑罚,现在傅瑕已经得到惩处了。帮助我回国而没有二心的人,我都答应给他上大夫的职位,我愿意跟伯父一起商量。而且我离开国家在外，伯父没有告诉我国内的情况。回国以后，又并不亲附我，我对此感到遗憾。"

原繁回答说："先君桓公命令我的先人管理宗庙列祖列宗的主位，国家有君主而自己的心却在国外，还有比这更大的二心吗？如果一个人当了国君，主持国家，国内的百姓，谁又不是他的臣下呢？臣下不应该有二心，这是上天的规定。子仪居于君位，十四年了，现在策划召请君王回国难道不是二心吗？庄公的儿子还有八个人，如果都用官爵做贿赂以劝说别人三心二意而又可能成功，君王又怎么办？下臣知道君王的意思了。"

原繁说完，就上吊死了。

卫懿公好鹤

卫懿公喜欢养鹤,每当他出去的时候,鹤就随他坐着车子,比人的待遇还要高。这一年冬天,北方的狄人攻打过来了,懿公急忙派人出战,将要作战时,他手下的将军武士们都说:"让鹤去吧,鹤实际上享有官禄官位,我们哪里能打仗!"

懿公并不听人们对他的劝谏,走到哪里就把那些鹤带到哪里。他把玉佩给了石祁子,把箭给了甯庄子,让他们仍然防守,说:"用这个来辅助国家,选择有利的事去做。"

但他的部队情绪仍然不高,懿公只好自己带队作战,作战的时候,他还没有忘记带着他的鹤。渠孔为卫懿公驾驭战车,子伯作为护卫;黄夷打冲锋,孔婴齐指挥后车。和狄人在荧泽作战,结果卫军大败,狄人一战就灭亡了卫国。

懿公好鹤而至于灭国,给后人留下了一个深刻的教训。

齐桓公伐楚

齐桓公和蔡姬在园子里坐船游览，蔡姬故意摇动游船，使齐桓公摇来晃去。齐桓公害怕，脸色都变了，叫她别摇，蔡姬不听，齐桓公很生气，把她送回蔡国，但并不是断绝婚姻关系。蔡国人却把蔡姬改嫁了。

第二年春季，齐桓公率领鲁僖公、宋桓公、陈宣公、卫文公、郑文公、许穆公、曹昭公各诸侯的联军入侵蔡国。蔡国溃败，齐桓公就接着进攻蔡的盟国楚国。

楚成王派遣使者来到军中，说："君王住在北方，我住在南方，即使是牛马发情狂奔彼此也不会相关。没有想到君王竟不顾路远来到我国的土地上，这是什么缘故？"

管仲回答说："以前召康公命令我们的先君太公说：'五侯九伯，你都可以征伐他们，以便辅助王室。'赐给我们的先君征伐的范围，东到大海，西到黄河，南到穆陵，北到无棣。你不进贡王室的包茅，使天子的祭礼缺乏应有的物资，不能滤酒请神，我为此而来问罪。昭王南征到楚国而没有回去，我为此而来责问。"

使者回答说："贡品没有送来，这确是我君的罪过，今后岂敢不供给？至于昭王没有回去，君王还是问水边的人吧！"诸侯的军队前进，驻扎在陉地。

夏季，楚成王派遣屈完带兵到诸侯军驻地求和。诸侯军队撤退，驻扎在召陵。

齐桓公把所率领的军队列成战阵，和屈完坐一辆战车检阅队伍。齐桓公说："我们出兵，难道是为一个人吗？为的是继续先君建立的友好关系。我们两国共同友好怎么样？"

屈完回答："君王惠临敝国求福，承蒙君王安抚我君，这正是我君的愿望！"

齐桓公说："用这样的军队来作战，谁能够抵御他们？用这样的军队来攻城，哪个城池不被攻破？"

屈完回答说："君王如果用德行安抚诸侯，谁敢不服？君王如果用武力，楚国有方城山作为城墙，汉水作为护城河，君王的军队即使很多，也没有什么用处。"

桓公觉得屈完讲得有理，后来屈完代表楚国与各诸侯国订立了盟约。

唇亡齿寒

荀息向晋献公请求用屈地出产的宝马和垂棘出产的碧玉向虞国借路来进攻虢国，晋献公说："这可是我的宝物啊。"

荀息说："如果向虞国借到了路，东西放在虞国，就像放在宫外的库房里一样。"

晋献公说："宫之奇还在那里。"他担心宫之奇会向虞国的国君进谏，如果虞国的国君听从了宫之奇的劝谏，那么就可能识破他们借路的真实用心，就不会借路给他们了。

荀息说："宫之奇为人怯懦而不能坚决进谏，而且他从小就和虞君在一起长大，虞君对他亲昵，虽然进谏，虞君也不会听从的。"

于是，晋献公就派荀息到虞国去借路，说："冀国无道，从颠轹入侵，围攻虞国鄍邑的三面城门。敝国伐冀而使冀国受到损失，也是为了君王的缘故。现在虢国无道，在客舍里筑起堡垒，来攻打敝国南部边境。谨大胆地请求借贵路，以便到虢国去问罪。"

虞公答应了，而且自己请求先去进攻虢国。宫之奇劝阻，虞公不听，就带兵进攻虢国。夏季，晋国的里克、荀息领兵会合虞军，进攻虢国，攻占了下阳。

过了三年，晋献公再次向虞国借路伐虢国。宫之奇劝阻说："虢国是虞国的外围，虢国灭亡，虞国必定跟着完蛋。晋国的侵略野心不能开启，外国的军队不能轻易引进。一次已经够了，难道还可以来第二次吗？俗话说，辅与车互相依存，嘴唇没有了，牙齿便受冷寒。这说的就是虞国和虢国的关系。"

虞公说："晋国是我的宗族，难道会害我吗？"

宫之奇回答说："太伯、虞仲，是太王的儿子。太伯没有随侍在侧，所以没有继位。虢仲、虢叔，是王季的儿子，做过文王卿士，功勋在于王室，受勋的记录还藏在盟府。晋国准备灭掉虢国，对虞国又有什么可爱惜的？况且虞国能比晋国的桓叔、庄伯更加亲近吗？这两个家族没有罪过，但是却被杀戮，不就是因为他们对自身有威胁吗？亲近的人由于受宠就被怀疑威胁王室，尚且被无辜杀害，何况对一个国家呢？"

虞公说："我祭礼的祭品丰盛又清洁，神明必定保佑我。"

宫之奇回答说："下臣听说，鬼神并不是亲近哪一个人，而只是依从有德行的人，所以《周书》说：'上天没有私亲，只对有德行的人才加以辅助。'又说：'祭祀的黍稷不芳香，美德才芳香。'又说：'百姓不能变更祭祀的物品，只有德行才可以充当祭祀的物品。'这样看来，君主没有德行，百姓就不和，神明也就不来享用祭物了。神明所凭依的，就在于德行了。如果晋国占取了虞国，同时又发扬美德把芳香的祭品奉献于神明，神明难道会吐出来吗？"

虞公不听，硬是答应了晋国使者的要求。宫之奇带领他的族人出走，说："虞国过不了今年的腊祭了。就是这一次，晋国不必再次出兵了。"

八月某一天，晋献公包围上阳。问卜偃说："我能够成功吗？"卜偃回答说："能攻下。"晋献公说："什么时候？"卜偃回答说："童谣说：'丙子日的清早，龙尾星为日光所隐；军服威武美好，夺取虢国的旗号。鹑火星像只大鸟，天策星没有光耀，鹑火星下整理军队，虢公将要逃跑。'这日子恐怕在九月底十月初吧！丙子日的清晨，日在龙尾星之上，月在天策星之上，鹑火星出现于南方，一定是这个时候。"

冬季，十二月初一日，晋国灭掉了虢国。虢公丑逃亡到京城。晋军回国，住在虞国，乘机袭击虞国，灭了它。晋国人抓住了虞公和他的大夫井伯，把井伯作为秦穆姬的陪嫁随员，但并不废弃虞国的祭祀，而且把虞国的赋税归于周王。

"唇亡齿寒"的成语就出于这个故事。

"假途灭虢"的成语也出于这个故事。

荀息守诺

晋献公去世以后，里克、丕郑想要接纳重耳为国君，所以他们就发动三位公子的党羽起来作乱。

当初，晋献公曾让荀息辅助奚齐。当献公重病时，召见荀息说："把这个弱小的孤儿托付给您，怎么样？"

荀息叩头说："下臣愿竭尽力量，再加上忠贞。事情成功，那是君主在天的威灵；不成功，我就继之以死。"

晋献公说："什么叫忠贞？"

荀息回答说："国家的利益，知道了没有不做的，这是忠；送走过去的，侍奉活着的，两方面都互不猜疑，这是贞。"

里克将要杀掉奚齐，把这件事预先告诉荀息说："三方面的怨恨都要发作了，秦国和晋国的人民都要帮助重耳他们，您打算怎么办？"

荀息说："打算死。"

里克说："这又何苦呢！"

荀息说："我和先君说过了，不能改变。难道既想要实践诺言而又要爱惜己身吗？虽然没有好处，又能躲到哪里去呢？而且人们要求上进，谁不像我一样？我不想改变诺言，难道能够对别人说不要这样做吗？"

冬季，十月，里克在居丧的茅屋里杀了奚齐。《春秋》记载说："杀其君之子。"称奚齐为"君之子"，是由于晋献公还没有下葬。荀息准备自杀，有人说："不如立公子卓为国君而辅助他。"荀息立了公子卓为国君而安葬了献公。十一月，里克又在朝廷上杀了公子卓。荀息就自杀了。

君子说："《诗》说：白玉圭上的斑点，还可以磨掉；说话有了毛病，就不可以追回了。'荀息就是这样的啊！"

晋惠公背秦

秦国发生饥荒，国内饿死了许多人，秦穆公就派人到晋国请求购买粮食。晋惠公不答应。

晋国大夫庆郑说："背弃恩惠就没有亲人，幸灾乐祸就是不仁，贪图所爱惜的东西就是不祥，使邻国愤怒就是不义。如果这四种道德都丢掉了，我们用什么来保护国家？"

虢射也说："是啊，皮肤已经不存在了，体毛又依附在哪里？用什么来保卫国家？"

庆郑说："丢弃信用，背弃邻国，患难谁来周济？没有信用就会发生灾难，失掉了救援，必定灭亡。就是这样的。"

虢射说："即使给粮食，他们的怨恨不会有所减少，反而使敌人增加实力，不如不给。"

庆郑又说："背弃恩惠，幸灾乐祸，是百姓所唾弃的。亲近的人还会因此结仇，何况敌人呢？"

但晋惠公就是不听。庆郑退下来说："国君迟早要后悔的！"

当初，晋惠公回国继承君位的时候，秦穆姬把贾君嘱托给他，而且说："把公子们都接回国内。"晋惠公和贾君通奸，又不接纳公子们回国，由此穆姬就怨恨他。晋惠公曾经答应给秦国中大夫送礼，后来也都不给了。还答应给秦穆公黄河以西和以南的五座城池，东边到虢略镇，南边到华山，还有黄河之内的解梁城，后来都不兑现。晋国有饥荒，秦国给它运送粟米；秦国有饥荒，晋国却拒绝秦国买粮，所以秦穆公决定攻打晋国。

战争开始后，晋国三次战败，退到韩地。晋惠公对庆郑说："敌人深入了，怎么办？"

庆郑回答说："是君王让他们深入的，能够怎么办？"

晋惠公说："放肆。"

晋惠公决定通过占卜来选择车右，结果庆郑得了一个吉卦。就是说庆郑是最好的人选，但晋惠公不用他，而让步扬驾驭战车，家仆徒作为车右。驾车的马则是从郑国来的。

庆郑说："古代发生战争，一定要用本国的马驾车。本国产的马出生在自己的水土上，知道主人的心意；安于受主人的调教，熟悉这里的道路；随你放在哪里，没有不如意的。现在用外国出产的马来驾车，从事战斗，等到马一害怕而失去正常状态，就会不听指挥的。它鼻子里粗气乱喘表明它很狡猾和愤怒，血液在全身奔流，血管扩张突起，外表强壮而内部枯竭。进而不能，退也不是，转弯也不能。君王必然要后悔的。"

但晋惠公就是不听。

九月，晋惠公将要迎战秦军，派韩简视察军队。韩简回来说："秦国的军队比我们少，能奋力作战的人却倍于我们。"

晋惠公问："这是什么原因？"

韩简回答说："君王当初避难逃离晋国是由于秦的资助，回国是由于秦的宠信，有了饥荒吃的粟米是秦国给的，三次给我们恩惠而没有报答，由于这样他们才来进攻的。现在我们又将迎击他们，我方懈怠，秦国奋发，斗志岂止相差一倍啊！"

晋惠公说："就连一个个人还不能被轻侮，何况是国家呢？"于是就派韩简去约战，说："寡人不才，能集合我的部下而不让他们离散。君王如果不回去，我们将要决一死战了。"秦穆公派公孙枝回答说："晋君没有回国，我为他忧惧；回国后没有安定位置，还是我所担心的。如果君位已定，寡人敢不接受作战的命令？"韩简退下去说："我如果能被俘囚禁就是幸运的了。"

十四日，秦、晋两军在韩原作战。晋惠公的小驷马陷在烂泥中盘旋不出来。晋惠公向庆郑呼喊求救。庆郑说:"不听劝谏,违抗占卜,本来就是自取失败,为什么又要逃走呢?"于是就离开了,梁由靡驾韩简的战车,虢射作为车右,迎战秦穆公的战车,本来就要俘虏他了,但因为庆郑叫他们救援晋惠公而被耽误,于是秦穆公走脱了,反而让秦国俘虏了晋惠公。

晋国的大夫披头散发,收起帐篷,跟随晋惠公。秦穆公派使者辞谢说:"你们几位为什么那样忧愁啊!寡人跟随晋国国君往西走,只不过实现晋国的梦罢了,难道敢做得太过分吗?"

晋国的大夫三拜叩头说:"君王踩着后土,而头顶着皇天,皇天后土都听到了您的话,下臣们谨在下边听候吩咐。"

秦穆姬听说晋惠公将要来到,领着太子䓨、儿子弘和女儿简、璧登上高台,踩着柴草。她派遣使者捧着遭丧之服前去迎接秦穆公,说:"上天降下灾祸,让我们两国国君不是用礼品相见而是兴动甲兵,如果晋国国君早晨进入国都,那么我就晚上自焚;晚上进入,那么我就早晨自焚。请君王裁夺。"于是秦穆公把晋惠公拘留在灵台。

大夫请求把晋惠公带回国都。秦穆公说:"俘获晋侯,本来是带着丰厚的收获回来的,但一回来就要发生丧事,这有什么用?大夫又能得到什么呢?而且晋国人用忧愁来感动我，用天地来约束我。如果不考虑晋国人的忧愁，就会加深他们对秦国的愤怒；如果不履行自己的诺言，就是违背天地。加深愤怒会使我担当不起，违背天地会不吉利，一定要放晋君回国。"

公子絷说："不如杀了他，不要积聚邪恶。"

子桑说："放他回国而用他的太子作为人质，必然会得到很有利的讲和条件。晋国还不会灭亡，而杀掉它的国君，只能造成很坏的后果。而且史佚有话说：'不要发动祸患，不要依靠动乱，不要增加愤怒。'增加愤怒会使人难以担当，欺凌别人会不吉利。"晋国也同意将太子留在秦国当人质，秦国得到晋国的太子圉做人质，还把秦国的女儿嫁给太子圉。于是就允许晋国讲和。

晋惠公派遣郤乞告诉瑕吕饴甥，同时召他前来，饴甥教郤乞该怎么说话，说："把城里的人都召到宫门前而用国君的名义给予赏赐，而且告诉他们说：'我虽然回国了，但已经给国家带来了耻辱，还是占卜一个吉日，让我的继承人圉就国君之位吧。'"

郤乞回去照办，大家一齐号哭。晋国就在这时开始改易田制，开阡陌重新规定田界。瑕吕饴甥说："国君不为自己在外而担忧，反而为群臣担忧，这是最大的恩惠了，我们准备怎样对待国君？"

大家说:"你说怎么办呢?"

饴甥回答说:"征收赋税,修理装备武器,以辅助继承人。诸侯听到我国虽失去了国君,但又有了新的国君,群臣和睦,装备武器比以前更多,喜欢我们的就会勉励我们,讨厌我们的就会有所害怕,也许会有好处吧!"大家很高兴,晋国就这样开始兵制改革。

徒有仁义

楚人进攻宋国以救援郑国。宋襄公准备应战,大司马公孙固劝阻说:"上天丢弃我们商朝后代已经很久了,您想复兴它,这是违背上天而不能被赦免的。这一仗还是不要打了。"但宋襄公不听。

冬季,十一月初一日,宋襄公与楚国人在泓水边上作战。宋军已经排成队列,楚军还没有全部渡过河。公孙司马说:"他们兵多,我们兵少,趁他们没有全部渡过河的时候,请君王下令攻击他们吧。"

宋襄公说:"不行。这样打仗是不仁义的。"

楚军渡过河以后还没有排开阵势,公孙司马又请求攻击,宋襄公又说:"还不行。"

宋襄公等楚军过河把阵势摆好之后,才攻击他们,结果宋军被打得大败。宋襄公大腿后受了箭伤。都城里的人都责怪宋襄公。宋襄公说:"君子不两次伤害敌人,不擒捉头发花白的敌人。古代的作战,不靠关塞险阻取胜。寡人虽然是亡国者的后代,但不攻没有摆开阵势的敌人。"

宋襄公的一个臣下子鱼说:"国君不懂战争。强大的敌人，由于地形狭隘而没有摆开阵势，这是上天在帮助我们，拦截而攻击他们，不也是可以的吗？现在强大的国家，都是我们的敌人，虽然是老头子，捉了也不能放，管什么头发花白不花白。明白国家耻辱是什么，以此教导士兵作战，目的就是多杀敌人。敌人受伤而没有死，为什么不可以再打击一次？如果爱惜敌人伤员而不再打击，就应该一开始就不伤害他；爱惜那些头发花白的人，就不如向他们投降。军队，由于有利才加以使用；战鼓雷鸣，是用声音来激励士气。有利而使用，在狭路攻击是可以的；鼓声大作鼓舞了士气，攻击没有摆开阵势的敌人也是可以的。"

而宋襄公因为受了箭伤，不久就死去了。

后来的人们都说宋襄公的仁义是一种没意义的仁义。一个军事家要战胜敌人，就要利用各种各样的条件来打击敌人，而不能等敌人都准备好了，让自己处于一个不利的地位。

晋文公归国

晋公子重耳遭到祸难的时候，晋献公的军队在蒲城攻打他。蒲城人想要迎战，重耳不肯，说："我仰仗着国君父亲的恩宠而享有奉养，才得到百姓的拥护。但借用百姓的拥护而反抗，没有比这再大的罪过了。我还是逃亡吧。"

重耳于是就逃亡到狄人那里，跟随的有狐偃、赵衰、颠颉、魏武子、司空季子。狄人攻打廧咎如，俘虏了他两个女儿叔隗、季隗送给公子。公子娶了季隗，生了伯儵、叔刘。把叔隗嫁给赵衰，生了盾。公子要到齐国去，对季隗说："等我二十五年，不回来再改嫁。"季隗回答说："我已经二十五岁了，又再过二十五年改嫁，就要进棺材了，我等您。"

公子在狄一共住了十二年，然后离开。经过卫国，卫文公不以礼待他。经过五鹿时，向乡下人要饭。乡下人给他一块泥土。公子发怒，要鞭打他。子犯说："这是上天赐予的啊！"公子叩着头接受，把泥土装上车子。

重耳到达齐国，齐桓公也给他娶妻（姜氏），有马八十匹。公子似乎已安于齐国的生活。跟随的人则认为这样不行，准备离去，在桑树下商量。养蚕的侍妾正好在树上听到，把这事告诉了姜氏。姜氏杀了她，告诉公子说："您有远大的志向，听到这事的人，我已经杀了。"公子说："没有这回事。"姜氏说："走吧！留恋妻子和贪图安逸，实在会有损前途。"公子不肯。姜氏和子犯商量，灌醉了公子，然后打发他走了。

重耳到达曹国，曹共公听说他的肋骨很密，似乎并成一整块，想从裸体中看个真相。趁重耳洗澡，他就在帘子外观看。僖负羁的妻子对负羁说："我看晋公子的随从人员，都足以辅助国家。如果用他们作辅助，晋公子必定能回晋国做国君。回到晋国，肯定在诸侯中称霸。在诸侯中称霸而惩罚对他无礼的国家，曹国就是第一个。您何不早一点向他表示好感呢！"僖负羁于是就向晋公子馈送一盘食品，里边藏着璧玉。公子接受食品，退回璧玉。

重耳到达宋国，宋襄公把马八十匹送给他。到达郑国，郑文公不加礼遇。叔詹劝谏说："臣听说晋公子是上天所赞助的人，上天或者将要立他为国君吧，您最好还是以礼相待。父母同姓，子孙不能昌盛，晋公子父母都姓姬，还能活到今天，这是一。经受逃亡在外的忧患，而上天使晋国不安定，大概是将要赞助他了，这是二。有三个人足以居于别人之上，却一直跟随着他，这是三。晋国和郑国地位平等，他们的子弟路过还应当以礼相待，何况是上天所赞助的人呢？"郑文公没有听叔詹的劝谏，也没有对重耳给予什么礼遇。

重耳到达楚国，楚成王设宴会招待他，说："公子如果回到晋国，用什么报答我？"

公子回答说："美女、玉、帛都是君王所拥有的，鸟羽、皮毛、象牙、犀革都是君王土地上所生长的。那些流及晋国的，已经是君王剩余的了，我能用什么来报答君王呢？"

楚成王说："尽管这样，还是应当想一下究竟用什么报答我吧？"

公子回答说："如果托君王的福，我能够回到晋国，一旦晋、楚两国演习军事，在中原相遇，那我就后退九十里，如果还得不到君王的宽大，那就左手执鞭执弓，右边挂着弓袋箭袋，跟君王较量一下。"

子玉请求楚王杀掉重耳。楚成王说："晋公子志向远大而生活俭约，文辞华美而合乎礼仪。他的随从严肃而宽大，忠诚又有能力。晋侯没有亲近的人，国内国外都讨厌他。我听说姬姓一族中，唐叔这一支是最后衰落的，这恐怕是晋公子后来得以振兴的缘故吧。上天将要使他兴起，谁能够废掉他？违背上天，必然有大灾。"于是就把重耳送去秦国。

秦穆公送给重耳五个女子，怀嬴也在内。怀嬴捧着盛水的器皿伺候重耳洗脸，他洗了手不用手巾擦手，而挥挥手把手上的水甩干。怀嬴很生气，说："秦、晋两国地位平等，为什么轻视我？"公子害怕，脱去上衣自囚表示谢罪。有一天，秦穆公设宴招待重耳，子犯说："我不如赵衰那样有文采，请您让赵衰跟随您赴宴。"公子在宴会上赋《河水》这首诗，秦穆公赋《六月》这首诗。赵衰说："重耳拜谢恩赐！"公子退到阶下，拜，叩头，秦穆公走下一级台阶辞谢。赵衰说："君王用尹吉甫辅佐周天子的诗篇来教导重耳，重耳岂敢不拜？"

重耳在国外流亡多年，秦穆公就把他送回晋国，让他做晋国的国君。重耳走到黄河边上，把随身带着的那些破东西扔掉，秦穆公送他的玉璧却带着。这时，子犯看到重耳还没有回国做国君，就这样忘掉了在国外的那些苦日子，就说："下臣背着马笼头马缰绳跟随着您巡行天下，下臣的罪过很多，下臣自己尚且知道，何况您呢？请您让我从这里走开吧。"

重耳明白这是子犯说他不该忘掉过去的那些日子，一个人回到国内要做国君，更应该有好德行。于是他说："如果我不同舅父一条心，有河神做证。"说完，把那块玉扔进黄河里，又把那些扔掉的东西捡回来。

重耳一行渡过黄河，包围了令狐，进入桑泉，占取了白衰。二月的一天，晋国的军队驻扎在庐柳。秦穆公派公子絷到晋国军队里交涉，让他们退出。重耳答应了秦穆公的请求，退出了那里，转驻在郇地。又一天，狐偃和秦国、晋国的大夫在郇地结盟。又一天，重耳到达了晋国的军队里，之后，他带着军队进入曲沃。重耳在晋武公的庙宇里朝见群臣，派人在高梁杀死了晋怀公，正式即位做了国君，称为晋文公。

当初，晋文公有一个侍臣名叫头须，是专门管理财物的。当晋文公在国外的时候，头须偷盗了财物潜逃，把这些财物都用来设法让晋文公回国。没有成功，只好留在国内，等到晋文公回来，头须请求进见。晋文公推说正在洗头，没有立即见他。头须对仆人说："洗头的时候心就倒了过来，心倒了意图就反过来，无怪我不能被接见了。留在国内的人是国家的守卫者，跟随在外的是背着马笼头马缰绳的仆人，这也都是可以的，何必要怪罪留在国内的人呢？身为国君而仇视普通人，害怕他的人就多了。"

晋文公的仆人把这些话告诉了晋文公，晋文公知道自己不对，就立即接见了头须，仍让他管理财物。

狄人把季隗送回晋国，而请求留下她的两个儿子。晋文公把女儿嫁给赵衰，生了赵同、赵括、赵婴。赵姬请求迎接赵盾和他的母亲回来，赵衰不肯。赵姬说：

"得到新宠而忘记旧好,以后还怎能使用别人?一定要把他们接回来。"赵姬坚持请求,赵衰只好同意了。叔隗和赵盾回来以后,赵姬认为赵盾有才,坚决向赵衰请求把赵盾立为嫡子,而让自己生的三个儿子居于赵盾之下,让叔隗做正妻,而自己居于她之下。

介子推不受禄

晋公子重耳回到国内,做了国君,就是著名的晋文公。晋文公即位后,赏赐跟随他逃亡的人,唯没有对介子推提及赏赐,禄位也没有赐到他身上。而事实上介子推才是最应得到赏赐的一位。当初文公周游列国的时候,有一次受困,是介子推割下自己腿上的肉,做熟了给他吃,才使重耳渡过难关。这种功劳实在是无人可比的。但对于文公的忘恩,介子推毫不在意,也无意争功邀赏,他说:"献公的儿子有九个,只有公子在世了。惠公、怀公没有亲近的人,国内国外都抛弃了他们。上天不使晋国绝后,必定会有君王,主持晋国祭祀的人,不是公子又会是谁?这实在是上天立他为君,而他们这些人却以为是自己的力量,这不是欺骗吗?偷别人的财物,尚且叫作盗,何况贪上天的功劳以为自己的力量呢?下面的人把贪功的罪过当成合理的,上面的人对欺瞒加以赏赐,上下相互欺骗,这就难和他们相处了。"

介子推的母亲说:"为什么不也去求赏?你如果这样死去又能怨谁?"

介子推回答说:"明知错误而去效法,罪就更大了。

而且我口出怨言,不能吃他的俸禄。"

他母亲说:"也让他知道一下,怎么样?"

介子推回答说:"说话,是身体的文饰。身体将要隐藏,哪里用得着文饰?这只不过是去求显露罢了。"

母亲说:"你能够这样真是太好了,这是君子之为啊!我和你一起隐居起来。"于是介子推就在一个叫绵山的地方隐居起来,不见晋文公。

后来,晋文公想起了介子推,觉得没有对他进行赏赐是不对的,还想请介子推出来做官。于是就派人寻找介子推,介子推在绵山上不出。晋文公亲自去绵山找他,他隐在绵山里不出。晋文公就用烧山的方法逼他出来。但是介子推宁死不出,和母亲一起死在山里。晋文公感怀介子推的功劳,就把绵山上的田封给他,说:"用这来记载我的过失,来表扬好人。"

蹇叔哭师

　　晋文公即位不久，秦国和郑国结了盟，并留下部队驻扎郑国，带队将军叫杞子。一天，杞子从郑国派人告诉秦君说："郑国人让我掌管他们北门的钥匙，如果偷偷地把兵开来，可以占领他们的国都。"

　　秦穆公去问大臣蹇叔可不可以去占领郑国。蹇叔说："使军队疲劳而去侵袭相距遥远的地方，我没有听说过。军队疲劳，力量衰竭，远方的国家有防备，恐怕不行吧！我们军队的行动，郑国一定知道，费了力气不讨好，士兵一定有抵触情绪。而且行军一千里，谁会不知道？"

　　秦穆公不接受他的意见。召见孟明、西乞、白乙三位将军，让他们在东门外出兵。蹇叔哭着送他们说："孟明，我看到军队出去而看不到回来了！"

　　秦穆公派人对他说："你知道什么？如果你六七十岁死了，你坟上的树木已经长得能够让人合抱了。"

　　蹇叔的儿子在军队里，蹇叔哭着送他，说："晋国人必定在殽地伏击我军，殽地有两座山陵：它的南陵，是夏后皋的坟墓；它的北陵，是文王在那里避过风雨的地方。你必定死在两座山陵之间,我去那里收你的尸骨吧!"

第二年的春季,秦国军队经过周王城的北门,战车上除御者以外,车左、车右都脱去头盔下车致敬后,随即跳上车去的有三百辆战车的将士。王孙满年纪还小,看到了,对周襄王说:"秦国军队不庄重又没有礼貌,一定失败。不庄重就缺少计谋,无礼貌就不严肃。进入险地而满不在乎,又无人给他们出主意,能够不打败仗吗?"

秦军到达滑国,郑国的商人弦高准备到成周做买卖,碰到秦军就先送秦军四张熟牛皮作引礼,再送十二头牛犒劳军队,说:"寡君听说你们准备行军经过敝邑,谨来犒赏大军。敝邑贫乏,你们打算在这里住下,我们就预备一天的供应,并且离开前提供一夜的保卫。"弦高同时又派人紧急地向郑国报告。

郑穆公派人去探看杞子等人的馆舍,发现他们已经装束完毕,并磨利了武器,喂饱了马匹。他明白了他们的意思,就派皇武子辞谢他们,说:"大夫们久住在这里,敝邑的干肉、粮食、牲口都竭尽了。为了大夫们将要离开,郑国的猎圃,就如同秦国的猎圃,大夫们自己猎取肥鹿,使敝邑得有闲空,怎么样?"

杞子知道他勾结秦国进攻郑的阴谋已经败露,于是就逃到齐国，他的副将逢孙、杨孙逃到宋国。孟明知道后说："郑国有准备了，不能对偷袭存有希望了。攻打郑国不能取胜，包围它又没有后援，我们还是回去吧。"于是，孟明顺路灭了滑国就往回返了。

这时，晋文公刚刚去世，儿子襄公即位不久，大臣们讨论秦军入侵的事情，先轸说："秦君违背蹇叔的话，由于贪功而惊动百姓，这是上天给予我们的机会。机会不能丢失，敌人不能放走。放走敌人，就会发生祸患；违背天意，就不吉利。一定要进攻秦国军队。"

栾枝说："没有报答秦国的恩惠而进攻它的军队，心目中还有死去的国君吗？"

先轸说："我们有丧事秦国不悲伤，反而攻打我们的同姓国家，他们这是无礼，还讲什么恩惠？我听说：'放走敌人，会导致几代的祸患。'为了子孙后代打算，这可以有话对死去的国君说了吧！"于是就发布起兵的命令，立即动员姜戎的军队。晋襄公把丧服染成黑色，梁弘驾驭战车，莱驹作为车右。

四月十三日，晋军在崤地把秦国军队打得片甲不留，并且俘虏了三个指挥官孟明视、西乞术、白乙丙。晋国人于是就穿着黑色的丧服来安葬晋文公。晋国从此开始使用黑色丧服。

襄公的母亲文嬴请求把三位指挥官释放回国，说：

"他们挑拨我们两国国君,寡君如果抓到他们,恨不得吃他们的肉,何必劳君王去讨伐呢?让他们回到秦国受诛杀,以使寡君快意,怎么样?"晋襄公答应了。

先轸上朝,问起秦国的囚犯,晋襄公说:"母亲代他们提出请求,我就放走他们了。"

先轸生气地说:"将士们花力气在战场上逮住他们,女人说几句谎话就把他们放了,毁弃了战果而长了敌人的志气,晋国快要灭亡了!"说完便当着襄公的面在地上吐唾沫。

晋襄公派阳处父追赶放走的三将,阳处父假意用晋襄公的名义赠送给他们三匹好马,实则想追回三将,但这时,三人已上船渡河过半,孟明对阳处父说:"承蒙君王的恩惠,不用被囚之臣来祭鼓,让我们回到秦国去受诛戮吧。寡君如果杀了我们,死了以后名声不朽;如果依从君王的恩惠而赦免我们,三年之后将要拜谢君王恩赐。"

秦穆公穿着素服住在郊外,对着被释放回来的三将号哭说:"我没有听蹇叔的话,使你们几位受到侮辱,这是我的罪过。不撤回在郑的驻军,这也是我的过错,你们三位有什么罪?而且我不能用你们一次的过错来掩盖你们的大德。"

秦穆公用孟明

殽地那次战役，晋国放回了秦国的主将，秦国的大夫和左右侍臣都对秦穆公说："这次战败，是孟明的罪过，一定要杀死他。"

秦穆公说："这是我的罪过，我由于贪婪而使孟明受祸，孟明有什么罪？"于是他决定重新让孟明执掌兵权。

过了一年，到了第二年的春季，秦穆公再次派孟明领兵攻打晋国，以报复殽地那次战役所遭受的失败。二月，晋襄公抵抗秦军，先轸的儿子先且居率领中军，赵衰辅助他。王官无地为先且居驾驭战车，狐鞠居作为车右。二月七日，和秦军在彭衙作战，秦军大败。晋国人说这是秦国"拜谢恩赐的战役"。

这一次秦军大败，人们又说是孟明的过错，但是秦穆公却认为是自己准备不足，报仇心切，导致失败。他又一次重用孟明，并且给他优厚的待遇。孟明进一步修明政事，安抚百姓。当时赵成子知道了孟明的所作所为，对大夫们说："秦军如果再一次前来，一定要避开他们。他们由于畏惧而进一步修明了德行，那是不可抵挡的。《诗》说：'怀念着你的祖先，修明你的德行。'孟明想到这两句诗了。想到德行而努力不懈，难道是可以抵挡的吗?"

过了两年，秦穆公再一次任用孟明统率大军出征，与晋国交战。秦穆公和孟明带领军队渡过黄河，烧掉渡船，占取了郊地。晋军不出战。秦军就从茅津渡过黄河，在殽地为死亡的将士筑了一个大坟墓，然后回国。秦穆公就此称霸于西方少数民族诸国，这是因为重用了孟明的缘故。

君子因此知道：秦穆公作为一个国君，提拔人才考虑全面，任用人才专一无二。孟明作为臣子，努力不懈，能够因为畏惧而思考。这也是秦国强大的原因。

晋灵公杀赵盾

晋灵公做事不合为君之道：重重地收税来彩画墙壁，从高台上用弹丸打人而看他们躲避弹丸的样子。有一次，厨子烧煮熊掌不熟，灵公便杀死他，放在畚箕里，让女人用头顶着走过朝廷。这事被赵盾和士会看到了，便问起杀人的缘故。当知道事情的真相后，不由得感到担心，二人准备进谏，士会对赵盾说："你劝谏如果听不进去，就没有人可以继续劝谏了，请让士会先去，君王不听，你再接着劝谏。"

士会前去三次，晋灵公才转眼看他，说："我知道错了，打算改正。"

士会叩头回答说："人，谁没有错？有了过错能够改正，就没有比这更好的事情了。"

然而，晋灵公尽管口头上要改正错误，行动上却一直不改正。赵盾只好亲自进谏，一次不行就再来一次。赵盾屡次进谏，晋灵公很讨厌，就派钽麑去刺杀他。一天清早，赵盾的卧室门已经打开了，他穿得整整齐齐，准备入朝。因为时间还早，就正坐着打瞌睡。钽麑看到赵盾如此勤政，很是感动，但又觉得君命难违，只好退了出来，撞在树上死去了。

秋季，九月，晋灵公请赵盾喝酒，他埋伏了甲士，准备攻击杀死赵盾。赵盾的车右提弥明察觉了，快步登上殿堂说："臣下侍奉国君饮酒，超过三杯就不合礼了。"说完即扶了赵盾下殿堂。晋灵公嗾使恶狗扑过去，提弥明上前搏斗，把狗杀了。赵盾说："不用人而利用狗，虽然凶猛，又有什么用！"赵盾一边搏斗一边退了出去，提弥明却被伏兵杀死。

当初，赵盾在首阳山打猎，住在翳桑，看见灵辄饿倒在地上，问他有什么病。灵辄说："已经三天没吃东西了。"赵盾给他食物，他留下一半。问他为什么，他说："我在外学习做官已经三年了，不知道母亲还在不在，现在快到家了，请让我把这个留给她。"赵盾让他吃完，并且又给他准备了一筐饭和一些肉，放在袋子里给了他。后来灵辄做了晋灵公的卫兵，在这次事件中，恰恰是他倒过戟来抵御晋灵公的其他卫兵，使赵盾免于祸难。赵盾问他为什么这样做，他回答说："我就是翳桑那个饿倒的人。"问他的姓名住处，他不回答而退了出去，就自己逃亡了。赵盾也只好逃亡出国。

但是，赵盾刚走没几天，他的族人赵穿就在桃园杀死了晋灵公。赵盾没有走出晋国国境就回来了。太史记载"赵盾弑其君"，并在朝廷上公布。赵盾说："不是这样的。"太史回答说:"您是正卿,逃亡而没有走出国境,回来不惩凶手,弑君的人不是您还是谁?"

赵盾于是便派遣赵穿到成周迎接公子黑臀而立他为国君。十月初三日,公子黑臀到武宫庙朝祭,这就是晋成公。

宁死不辱使命

公元前594年,楚国攻宋。宋国派乐婴齐到晋国告急求援,晋景公想要救援宋国。大夫伯宗说:"不行。古人说:'鞭子虽然长,但够不到马肚子。'上天正在保佑楚国,不能和它竞争。晋国虽然强盛,但能够违背上天吗?俗话说:'高高下下,都在心里。'河流湖泊里容纳污泥浊水,山林草野里暗藏毒虫猛兽,美玉也藏匿着斑痕,国君也得忍受点耻辱,这是上天的常道,君王还是等着吧!"

于是,晋景公就暂不发兵救宋,而是派遣解扬到宋国去,让宋国不要投降楚国,并且对宋国说:"晋国的军队都已经出发,将要到达了。"从而使宋国人相信解扬的话,准备和楚国人打仗。

楚的盟国郑国知道解扬到宋国去的消息,当解扬路过郑国时,郑国人把他囚禁起来献给楚国。楚庄王重重地贿赂他,让他把话反过来说,解扬不答应。经过三次劝说以后才答应了。楚国人让解扬登上楼车,向宋国人喊话,解扬却将楚国人要说的话告诉他人。解扬还乘机传达晋君的命令,让宋国人坚定守城的信心。楚庄王大怒，准备杀死他，派人对他说："你既已答应了我，现在又反过来，是什么缘故？不是我没有信用，而是你丢失了它，快去受你的刑罚吧！"

解扬回答说："臣听说，国君能制定命令就是道义，臣下能接受命令就是信用。信用贯彻了道义，然后去做就是利益。谋划能够使利益不受损，以此保卫国家，这才是百姓的主人该有的作为。道义不能有两种信用，信用不能接受两种命令。君王贿赂下臣，就是不懂得命令的意义。接受命令而出使，宁可一死也不废弃使令，这难道是可以贿赂的吗？下臣所以答应您，那是为了借机会完成使命，死而能完成使命，这是下臣的福气。寡君有守信的下臣，下臣死得其所，又有什么可以追求的？"

楚庄王听了解扬的话，无言可对，就赦免了解扬，放他回去。

结草报恩

魏武子有一个爱妾,自从嫁给魏武子之后,一直没有生儿子。魏武子生了病,神志还清醒的时候,对他的儿子魏颗说:"我死了之后,一定要把她嫁了。"

后来魏武子的病一天比一天重了起来,他自己也知道他将不久于人世,这时候他又对儿子魏颗说:"我死了之后一定要让她为我殉葬。"

过了不久,魏武子死了。魏颗却没有按照父亲生前的吩咐把那个爱妾殉葬,而让她嫁了。人们就问他这是为什么,他说:"人一病重就神志不清了,我听从他清醒的时候的话。"

魏武子死去不久,晋国与秦国在辅氏打仗。这一仗打得很激烈。秦国有一个人叫杜回,这个人力大无穷,谁也敌不过他。在战斗中,魏颗被杜回追赶,形势十分危急,只要杜回捉住魏颗,那魏颗必死无疑。眼看着杜回就要追上魏颗了,这时候,一个老人把地上的草打成一个个的结。杜回的马过来,一下子就被那些草结绊倒了,因此,魏颗逃了命。

晚上，魏颗梦里见到了那个老人，老人说："我，就是那个你让她出嫁的女人的父亲。你执行了你父亲清醒的时候的话，没有杀我的女儿，因此，我用这个办法来报答你。"

后人用"生当陨首，死当结草"来形容知恩必报。

钟仪狱中奏乐

秋季,楚国的子重进攻郑国,军队驻在氾地。诸侯救援郑国。郑国的共仲、侯羽包围楚军,囚禁郧公钟仪,把他献给晋国。

晋国人带着钟仪回去,把他囚禁在军用储藏室里。

晋景公视察军用仓库,见到钟仪,问人说:"戴着南方的帽子而被囚禁的人是谁?"官吏回答说:"是郑国人所献的楚国俘虏。"晋景公让人把他释放出来,召见并且慰问他,钟仪跪拜,叩头。晋景公问他在楚国是什么人,他回答说:"弹奏音乐的人。"晋景公问:"那么你能奏乐吗?"钟仪说:"这是先人的职责,我怎么能去从事其他的工作呢?"

晋景公就命令人把琴给钟仪,他弹奏的是南方乐调。晋景公听完音乐,问:"你们的君王怎样?"钟仪回答说:"这不是小人能知道的。"晋景公再三问他,他回答说:"当他做太子的时候,师保侍奉着他,每天早晨向婴齐请教,晚上向子反去请教。我不知道别的事。"

晋景公把这些告诉了范文子。范文子说:"这个楚囚是君子啊!说话中举出先人的职官,这是不忘记根本；奏乐奏家乡的乐调，这是不忘记故旧；举出楚君做太子的时候的事，这是没有私心；称二卿的名字，这是尊崇君王。不背弃根本，这是仁；不忘记故旧，这是守信；没有私心，这是忠诚；尊崇君王，这是敏达。用仁来办理事情，用信来守护，用忠来成就，用敏来执行，事情虽然大，必然会成功，君王何不放他回去，让他结成晋、楚的友好？"

晋景公听从范文子的话，对钟仪重加礼遇，让他回国去替晋国讲和。

驹支不屈于晋

晋国逮捕了莒国的公子务娄，因为莒国的使者和楚国有来往。然后又要逮捕戎子驹支，范宣子亲自在朝廷上责备他，说："过来，姜戎氏！从前秦国人追逐你的祖父吾离到瓜州，你的祖父吾离身披蓑衣，头戴草帽前来归附我们先君。我们先君惠公只有并不太多的土田，还和你祖父平分着吃。现在诸侯侍奉我们寡君不如从前，这是因为说话泄露机密，应当是由于你的缘故。以后每天早晨的晨议，你就不要参加了。如果你再来，就把你抓起来。"

驹支回答说："从前秦国人仗着他们人多，贪求土地，驱逐我们各部戎人，晋惠公显示了他的大德，说我们各部戎人，都是四岳的后代，不能加以丢弃。于是，赐给我们南部边境的土田。那里是狐狸住的地方、豺狼嗥叫的地方。我们各部戎人砍伐这里的荆棘，驱逐这里的狐狸豺狼，作为先君不侵犯不背叛的臣下，直到如今没有三心二意，从前在殽地的战役中，晋国在上边冲杀，戎人在下边对抗，秦国的军队四面被围而回不去，实在是我们各部戎人出力的效果。譬如捕鹿，晋国人抓住它的角，各部戎人拖住了它的后腿，和晋国人一起让它仆倒，戎人为什么不能免于罪责呢？从那个时候以来，晋国的多次战役，我各部戎人没有不按时与晋国共同参加，以追随执事的，如同支援殽之战一样，岂敢违背？现在各级官员恐怕实在有着过失，因而使诸侯有二心反倒要责怪我们戎人！我们各部戎人饮食衣服和中原不同，财礼不相往来，言语不通，能够做什么坏事呢？不参加晨议，我也没什么不舒畅的。"

　　驹支说完这些话即退下。范宣子听后表示歉意，并让他更多地参加了各种事务，显示了平易而不听谗言的美德。当时子叔齐子作为季武的副手而参加会见，从此晋国人减轻了戎族各部的财礼而更加敬重戎族的使臣。

宋人献玉

宋国有人得到美玉,就赶快献给子罕。子罕却拒不接受。献玉的人说:"这东西我拿给玉工看过,玉工认为是宝物,所以才敢进献。"

子罕说:"我把不贪婪作为宝物,你把美玉作为宝物,如果把玉给了我,我们两人都丧失了宝物,不如各人保有自己的宝物吧。"

献玉的人叩头告诉子罕说:"小人带着玉璧,不能够越过乡里,把它送给您是求得免于一死。"

子罕把美玉放在自己的乡里,让玉工为他雕琢,然后卖出去,使献玉的人富有以后才让他回到家里。

子产主政

郑国的子皮把政权交给子产，子产辞谢说："郑国国家小而靠近大国，家族庞大而受宠的人很多，我怕是不能治理好呢。"

子皮说："国家不在于大小，小国能够侍奉大国，国家就可以不受逼迫了。"

于是子产把政权从子皮那里接了过来，开始主持国家的大事。子产治理政事，有事情要伯石去办，赠送给他城邑，子太叔说："国家是大家的国家，为什么独给他送东西？"

子产说："要没有欲望确实是难的。使他们都满足欲望，去办他们的事情而取得成功，这不是我的成功，难道是别人的成功吗？对城邑有什么爱惜的，它会跑到哪里去？"

子太叔说："四方邻国将怎么看待？"

子产说："这样做不是为了互相违背，而是为了互相顺从。四方的邻国对我们有什么可责备的？《郑书》有这样的话：'安定国家，一定要优先照顾大族。'姑且先照顾大族，再看它归向何处。"

不久，伯石因恐惧而把封邑归还，最终子产还是把城邑给了他。伯有死了以后，郑简公让太史去命令伯石为上卿，伯石辞谢。太史退出，伯石又请求太史重新发布命令，命令下来了再次辞谢。像这样一连三次，伯石这才接受策书入朝拜谢。子产因此讨厌伯石的为人，觉得他太虚伪，便担心他作乱，就让他居于比自己低一级的地位。

子产让城市和乡村有所区别，上下尊卑各有职责，田地四界开了水沟，对卿大夫中忠诚俭朴的，就亲近他，骄傲奢侈的，就推翻他。

将军丰卷准备祭祀，请求猎取祭品，子产不答应，说："只有国君祭祀才用新猎取的野兽，一般人大致够用就可以了。"丰卷生气，退出以后就召集士兵准备兵变。子产准备逃亡到晋国，这时，子皮出去阻止他而驱逐了丰卷。丰卷逃亡到晋国，子产请求不要没收他的田地住宅，三年以后让丰卷回国复位，把他的田地住宅和一切收入都退还给他。

子产参与政事一年，人们歌唱道："计算我的家产而收财物税，丈量我的耕地而征收田税。谁杀死子产，我就帮助他。"过了三年，又歌唱道："我有子弟，子产教诲；我有土田，子产使增产。万一子产逝世谁来接替他呢？"

子产参与政事，选择贤能而使用他们。冯简子能决断大事。子太叔外貌秀美而内有文采。子羽能了解四方诸侯的政令而且了解他们的大夫的家族大姓、官职爵位、地位贵贱、才能高低，又善于辞令。裨谌能出谋划策。郑国只要有外交上的事情，子产就向子羽询问四方诸侯的政令，并且让他写一些有关的外交辞令稿；和裨谌一起坐车到野外去，让他策划是否可行；把结果告诉冯简子，让他决定；计划完成，就交给子太叔执行，交往诸侯应对宾客，所以很少有把事情办坏的时候。

郑国人在乡校里游玩聚会，议论国家政事，然明对子产说："毁了乡校怎么样？"

子产说："为什么？人们早晚事情完了到那里游玩，来议论政事的好坏。他们认为好的，我就推行它；他们认为讨厌的，我就改掉它。这是我的老师。为什么要毁掉它？我听说用忠为善，能减少怨恨，没有听说摆出权威能防止怨恨的。靠权威也能很快制止议论，但是就像防止河水一样，大水来了，我不能挽救，伤人必然很多。不如把水稍稍放掉一点加以疏通，不如让我听到这些话而作为药石。"

孔子听到这些话，说："从这里看来，别人说子产不仁，我不相信。"

子皮想要让尹何来治理自己的封邑。子产说："尹何年纪轻,不知道能不能胜任。"

子皮说:"这个人谨慎善良,我喜欢他,他不会背叛我的。让他去学习一下,他也就更加知道该怎么办事情了。"

子产说:"不行。人家喜欢一个人,总是希望对这个人有利。现在您喜欢一个人却把政事交给他,这好像一个人不会用刀而让他去割东西,多半是要损伤他自己的。您喜欢他,不过是伤害他罢了,有谁还敢在您这里求得喜欢?您对于郑国来说是国家的栋梁。栋梁折断,椽子就会崩塌,尹何将会被压在底下,我哪敢不把话全部说出来?您有了漂亮的丝绸,是不会让别人用它来学习裁制的。大官和大的封邑,是庇护自身的,反而让学习的人去裁制,这比起漂亮的丝绸来价值不就多得多吗?"

子皮说:"好啊!从前我曾说过,您治理郑国,我治理我的家族以庇护我自己,这就可以了。从今以后才知道这样不行。从现在起我请求,即使是我家族的事情也听从您的意见去办理。"

子产说:"每个人的想法不一样,就好像每个人的面孔一样。我难道敢说您的面孔像我的面孔吗?不过心里觉得这样做是危险的,就把它告诉您了。"子皮认为子产忠诚,所以把政事全交付给他。子产因此能够执掌郑国大权。

子产逐公孙楚

郑国徐吾犯的妹妹很漂亮，公孙楚已经和她订了婚，公孙黑又硬派人送去聘礼，徐吾犯害怕，告诉子产。子产说："这是国家政事的混乱，不是您的忧患。她愿意嫁给谁就嫁给谁。"徐吾犯请求公孙楚他们二位，让女子自己选择。他们都答应了。公孙黑打扮得非常华丽，进来陈设财礼然后出去了。公孙楚穿着军服进来，左右开弓，一跃登车而去。女子在房间内观看他们，说："子皙确实很美，不过子南是个真正的男子汉。丈夫要像丈夫，妻子要像妻子，这就是所谓顺。"

徐女嫁给了公孙楚。公孙黑发怒。不久以后就把胄甲穿在外衣里去见公孙楚，想要杀死他而占取他的妻子。公孙楚知道他的企图，拿了戈追赶他，到达交叉路口，用戈敲击他。公孙黑受伤回去，告诉大夫说："我很友好地去见他，不知道他有别的想法，所以受了伤。"

大夫们都议论这件事。子产说："各有理由，年幼地位低的有罪，罪在于公孙楚。"于是就抓住公孙楚而列举他的罪状，说："国家的大节有五条你都触犯了：惧怕国君的威严，听从他的政令，尊重贵人，侍奉长者,奉养亲属,这五条是用来治理国家的。现在国君在国都里,你动用武器,这是不惧怕威严。触犯国家的法纪,这是不听从政令。子晳是上大夫,你是下大夫,而又不肯在他下面,这是不尊重贵人。年纪小而不恭敬,这是不侍奉长者。用武器对付堂兄,这是不奉养亲属。国君说:我不忍杀你,赦免你让你到远地。尽你的力量,快走吧,不要加重你的罪行!"

五月初二日,郑国放逐公孙楚到吴国。准备让公孙楚起程,子产征求太叔的意见。太叔说:"不能保护自身,哪里能保护一族?他的事情属于国家政治,不是私家的危难。您为郑国打算,有利于国家就去办,又有什么疑惑呢?周公杀死管叔,放逐了蔡叔,难道不爱他们?这是为了巩固王室。子南如果有罪,您也要执行惩罚,何必顾虑游氏诸人?"

于是,子产就放逐了公孙楚。

秋季,郑国的公孙黑准备发动叛乱,由于旧伤发作,而没有实现。驷氏和大夫们想要杀死公孙黑。子产正在边境,听说了这件事,害怕赶不到,乘坐了专车到达。子产让官吏历数他的罪状,说:"伯有那次动乱,由于当时正致力于侍奉大国,因而没有讨伐你。你有祸乱之心不能满足,国家对你不能容忍。专权而攻打伯有,这是你罪状的第一条。兄弟争夺妻子,这是你罪状的第二条。薰隧的盟会，你假托君位，这是你罪状的第三条。有了死罪三条，怎么能够容忍？你不快点去死，死刑就会降到你的头上。"

公孙黑再拜叩头，推托说："我没多久可活，不要帮着上天来虐待我。"

子产说："凶恶的人不得善终，这是天命。做了凶恶的事情，就是凶恶的人。不帮着上天，难道帮着凶恶的人？"

公孙黑请求让其子印担任褚师的官职。子产说："印如果有才能，国君将会任命他。如果没有才能，将会早晚跟你去。你对自己的罪过不担心，而又请求什么？不快点去死，司寇将要来到了。"七月初一日，公孙黑上吊死了，暴尸在周氏地方的要道上，把写着罪状的木头放在他尸体上。

数典忘祖

晋国大夫荀跞到成周去参加穆后的葬礼，籍谈作为副使。安葬完毕，除去丧服，周景王和荀跞饮宴，把鲁国进贡的壶作为酒杯。周景王说："伯父，诸侯都有礼器进贡王室，唯独晋国没有，为什么？"

荀跞向籍谈作揖请他回答，籍谈回答说："诸侯受封的时候，都从王室接受了明德之器，来镇抚国家，所以能把彝器进献给天子。晋国在深山，戎狄和我们相邻而远离王室，天子的威信不能到达，驯服戎人还来不及，怎么能进献彝器？"

周景王说："叔父，你忘了吧！叔父唐叔，是成王的同胞兄弟，难道反而没有分得赏赐吗？密须的名鼓和它的大辂车，是文王用来检阅军队的，阙巩的铠甲，是武王用来攻克商朝的，唐叔接受了，居住在晋国的地域上，境内有着戎人和狄人。这以后襄王所赐的大辂、戎辂之车，斧钺，黑黍酿造的香酒，红色的弓，勇士，文公接受了，保有南阳的土田，安抚和征伐东边各国，这不是分得的赏赐是什么？有了功勋而不废弃，有了功劳而记载在策书上，用土田来奉养，用器来安抚，用车服来表彰，用旌旗来显耀，子子孙孙不要忘记，这就是所谓福，这种福佑不记住，叔父的心哪里去了呢？而且从前你的高祖掌管晋国典籍，以主持国家大事，所以为籍氏。等到辛有的第二个儿子董到了晋国，就有了董氏的史官。你是司典的后代，为什么忘了呢？"

籍谈回答不出。客人退出去以后，周景王说："籍谈的后代恐怕不能享有禄位了吧！举出了典故却忘记了祖宗。"

籍谈回国后，把这些情况告诉叔向，叔向说："天子恐怕不得善终吧！我听说：'喜欢什么，必然死在这上面。'现在天子把忧虑当成欢乐，如果因为忧虑致死，就不能说是善终。天子一年中有了两次三年之丧，在这个时候和吊丧的宾客饮宴，又要求彝器，把忧虑当成欢乐，而且不合于礼。彝器的到来，是由于嘉奖功勋，不是由于丧事。虽然贵为天子，服丧仍得满期，这是礼。现在天子即使不能服丧满期，饮宴奏乐也太早了，也是不合于礼的。礼是天子奉行的重要规则。一次举动而失去了两种礼，这就是不遵从重要规则了。言语用来考核典籍，典籍用来记载纲常。忘记了纲常而言语很多，举出了典故，又有什么用？"

"数典忘祖"的典故就出自这里。

吴越之争

吴国进攻越国，越王勾践发兵抵御吴军，在槜李摆开阵势。勾践见吴军军阵严整，就派敢死队冲锋擒捉吴军，吴军阵势不动。勾践于是要求罪人排成三行，他们把剑架在脖子上而致辞说："两国国君出兵交战，下臣触犯军令，在君王的队列之前显示出无能，不敢逃避刑罚，谨自首而死。"于是他们都自刎而死。吴军都只顾看着，越王乘机下令进攻，大败吴军。灵姑浮用戈击刺吴王阖闾，阖闾的脚趾受伤，灵姑浮拾到吴王的一只鞋。阖闾退兵，死在陉地，距离槜李七里地。

阖闾死后，夫差即位做了吴王。为了让自己记住为父亲报仇，夫差派人站在院子里，只要自己出去进来，就一定要对自己说："夫差！你忘记越王杀了你父亲吗？"夫差自己回答说："不敢忘记！"

过了三年，吴军和越军在夫椒相遇。吴王夫差带军队打败了越军，报了三年前吴曾在槜李被越军打败的仇。接着吴军就乘势攻打越国。越王带着披甲持盾的士兵五千人踞守在会稽山，派大夫文种通过吴国太宰伯嚭向吴国求和。吴王打算答应越国的请求。伍子胥说：

"不行。下臣听说：'建树德行最好不断增加，除去邪恶最好彻底干净。'越王勾践能够亲近别人而注意施行恩德，对有功劳的人从不抛弃而加以亲近。越国和我国土地相连，又世世代代是仇敌。在这种情况下如果我们战胜了越国而不灭亡它，反而准备保存下去，这是违背了天意而又助长了仇敌，以后，即使懊悔，也来不及消除祸患了。"

吴王夫差不听伍子胥的话，而同意和越国讲和。这样吴国的军队就从越国退了回去。但是吴王夫差却让越王勾践到吴国去服苦役，勾践答应了。勾践到吴国之后，一刻也没有忘记报仇。他一方面买通吴王身边的人对吴王说他的好话，一方面做出十分忠诚的样子，让吴王放心。过了几年，吴王以为越王对他已经真心臣服，就听从太宰伯嚭的话放勾践回到了越国。吴国和越国讲和以后，将要攻打齐国，越王率领他的部下前去朝见，吴王和臣下都得赠食物财礼。吴国人都很高兴，唯独伍子胥感到忧惧："这是在豢养吴国的骄气啊！"他劝谏说："越国在我们这里，是心腹中的一个病，同处在一块土地上而对我们有所要求。他们的驯服，是为了要求达到他们的欲望，我们不如早点下手。我们不把越国变成池沼，吴国就会被灭掉。"

吴王夫差不听，派伍子胥到齐国去。伍子胥把儿子托付给齐国的鲍氏，改姓王孙氏。伍子胥从齐国回来后，吴王听说了这件事，便派人把属镂宝剑赐给伍子胥让他自杀。伍子胥临死的时候说："在我的坟墓上种槚树，槚树可以成材之时，吴国大概就要灭亡了吧！三年以后，吴国就要开始衰弱了。骄傲自满必然失败，这是自然的道理啊。"

伍子胥说完这些话，用吴王给他的剑自杀而死了。

越王勾践回到越国之后，卧薪尝胆，经过几年的准备，认为可以和吴国作战了，就发兵攻打吴国。

越王攻打吴国，兵分两路，越国的畴无馀、讴阳从南边走，先到达吴国国都的郊区。吴国的太子友、王子地、王孙弥庸、寿于姚在泓水上观察越军。弥庸见到姑蔑的旗帜，说："那是我父亲的旗帜。我不能见到仇人而不杀死他们。"太子友说："如果作战不取胜，将会亡国，请等一等。"王孙弥庸不同意，集合部下五千人出战，王子地帮助他，两军交战，弥庸俘虏了畴无馀，王子地俘虏了讴阳，越王勾践率军到达，王子地防守，再次交战，越军大败吴军，俘虏了太子友、王孙弥庸、寿于姚。越军进入吴国，吴国人向吴王报告战败，吴王深恐诸侯听到这个消息，亲自把七个报信的吴人杀死在帐幕里边。

吴越两国打到冬季，由于吴国还强大，越国一时也不能把它消灭，就同意和吴国讲和。

又过了七年，越国再次起兵攻打吴国。越国军队包围了吴国，彻底打败了它。越国让吴王住在甬东，吴王辞谢说："我老了，哪里还能侍奉君王？"于是就上吊死了。越国人把他的尸体送了回去。

吴越之争，以越国的最后胜利而告结束。

后　　记

　　四书五经无疑是古代中国正统文化儒家思想的核心著作，更是中国从古至今传统文化的瑰宝，历来被称作儒家的《圣经》。尤其在几千年的历史变迁中，四书五经所阐述的道德、伦理、哲学等，无不浸透着中华民族历史、文化发展演变中的精髓。

　　《大学》《中庸》《论语》《孟子》《易经》《尚书》《诗经》《礼记》《左传》，无不体现着中华民族的文化智慧和道德情操。

　　从商朝的灭亡及至周朝之兴起，证实了一个民族团结的重要性。只有上下一心才能造就一个繁盛的社会。及至现今，中国走向伟大的民族复兴，也足可证明。

　　从《中庸》中的"子路问强"，《论语》中的"闵损拒官"，乃至"三人之行"和"不耻下问"，《孟子》中的"人性本善"和"天将降大任于是人也"，到《易经》中的"说《易》不易"，《尚书》中的"大禹治水"，再到《诗经》《礼记》《左传》中的诸多经典论述，均佐证了中华民族的文明史。

　　本书志不在于对中国古代文化进行开创性研究，只是想告诉我们这一代人及我们的后人,中华文化博大精深,古人的思想和哲理对我们民族文化的发展和传承,对我们现代生活,将永远是一个重要支撑。

由于水平所限,本书当有不少错讹不当之处,恳请广大读者予以指正。

本书作者

图书在版编目（CIP）数据

四书五经经典故事/谢赓，北方编著. —北京：中国人民大学出版社，2018.7
ISBN 978-7-300-25464-7

Ⅰ.①四… Ⅱ.①谢… Ⅲ.①四书-通俗读物 ②五经-通俗读物 Ⅳ.①B222.1-49 ②Z126.1-49

中国版本图书馆 CIP 数据核字（2018）第 027006 号

四书五经经典故事
谢 赓 北 方 编著
Sishu Wujing Jingdian Gushi

出版发行	中国人民大学出版社			
社　　址	北京中关村大街 31 号		邮政编码	100080
电　　话	010-62511242（总编室）		010-62511770（质管部）	
	010-82501766（邮购部）		010-62514148（门市部）	
	010-62515195（发行公司）		010-62515275（盗版举报）	
网　　址	http://www.crup.com.cn			
	http://www.ttrnet.com（人大教研网）			
经　　销	新华书店			
印　　刷	天津中印联印务有限公司			
规　　格	148 mm×210 mm　32 开本	版　次	2018 年 7 月第 1 版	
印　　张	12.25	印　次	2022 年 3 月第 3 次印刷	
字　　数	200 000	定　价	49.00 元	

版权所有　侵权必究　印装差错　负责调换